四特 教育系列丛书 SITEJIAOYUXILIECONGSHU

与学生谈社会教育

《"四特"教育系列丛书》编写组　编著

吉林出版集团股份有限公司
全国百佳图书出版单位

图书在版编目（CIP）数据

与学生谈社会教育／《"四特"教育系列丛书》编写组
编著 . —长春：吉林出版集团股份有限公司，2012.4
（"四特"教育系列丛书／庄文中等主编 . 与学生谈生
命与青春期教育）
ISBN 978-7-5463-8648-5

I . ① 与… Ⅱ . ① 四… Ⅲ . ① 社会教育－青年读物② 社会
教育－少年读物 Ⅳ . ① G77-49

中国版本图书馆 CIP 数据核字（2012）第 044167 号

与学生谈社会教育
YU XUESHENG TAN SHEHUI JIAOYU

出 版 人　吴　强
责任编辑　朱子玉　杨　帆
开　　本　690mm×960mm　1/16
字　　数　250 千字
印　　张　13
版　　次　2012 年 4 月第 1 版
印　　次　2023 年 2 月第 3 次印刷

出　　版　吉林出版集团股份有限公司
发　　行　吉林音像出版社有限责任公司
地　　址　长春市南关区福祉大路 5788 号
电　　话　0431-81629667
印　　刷　三河市燕春印务有限公司

ISBN 978-7-5463-8648-5　　　　定价：39.80 元

前　言

　　学校教育是个人一生中所受教育最重要组成部分,个人在学校里接受计划性的指导,系统地学习文化知识、社会规范、道德准则和价值观念。学校教育从某种意义上讲,决定着个人社会化的水平和性质,是个体社会化的重要基地。知识经济时代要求社会尊师重教,学校教育越来越受重视,在社会中起到举足轻重的作用。

　　"四特教育系列丛书"以"特定对象、特别对待、特殊方法、特例分析"为宗旨,立足学校教育与管理,理论结合实践,集多位教育界专家、学者以及一线校长、老师们的教育成果与经验于一体,围绕困扰学校、领导、教师、学生的教育难题,集思广益,多方借鉴,力求全面彻底解决。

　　本辑为"四特教育系列丛书"之《与学生谈生命与青春期教育》。

　　生命教育是一切教育的前提,同时还是教育的最高追求。因此,生命教育应该成为指向人的终极关怀的重要教育理念,它是在充分考察人的生命本质的基础上提出来的,符合人性要求,是一种全面关照生命多层次的人本教育。生命教育不仅只是教会青少年珍爱生命,更要启发青少年完整理解生命的意义,积极创造生命的价值;生命教育不仅只是告诉青少年关注自身生命,更要帮助青少年关注、尊重、热爱他人的生命;生命教育不仅只是惠泽人类的教育,还应该让青少年明白让生命的其它物种和谐地同在一片蓝天下;生命教育不仅只是关心今日生命之享用,还应该关怀明日生命之发展。

　　同时,广大青少年学生正处在身心发展的重要时期,随着生理、心理的发育和发展、社会阅历的扩展及思维方式的变化,特别是面对社会的压力,他们在学习、生活、人际交往和自我意识等方面,都会遇到各种各样的心理困惑或问题。因此,对学生进行青春期健康教育,是学生健康成长的需要,也是推进素质教育的必然要求。青春期教育主要包括性知识教育、性心理教育、健康情感教育、健康心理教育、摆脱青春期烦恼教育、健康成长教育、正确处世教育、理想信念教育、坚强意志教育、人生观教育等内容,具有很强的系统性、实用性、知识性和指导性。

　　本辑共20分册,具体内容如下:

　　1.《与学生谈自我教育》

　　自我教育作为学校德育的一种方法,要求教育者按照受教育者的身心发展阶段予以适当的指导,充分发挥他们提高思想品德的自觉性、积极性,使他们能把教育者的要求,变为自己努力的目标。要帮助受教育者树立明确的是非观念,善于区别真伪、善恶和美丑,鼓励他们追求真、善、美,反对假、恶、丑。要培养受教育者自我认识、自我监督和自我评价的能力,善于肯定并坚持自己正确的思想言行,勇于否定并改正自己错误的思想言行。要指导受教育者学会运用批评和自我批评这种自我教育的方法。

　　2.《与学生谈他人教育》

　　21世纪的教育将以学会"关心"为根本宗旨和主要内容。一般认为,"关心"包括关心自己、关心他人、关心社会和关心学习等方面。"关心他人"无疑是"关心"教育的最为重要的方面之一。学会关心他人既是继承我国优良传统的基础工程,也是当前社会主义精神文明建设的基础工程,是社会公德、职业道德的主要内容。许多革命伟人,许多英雄模范,他们之所以有高尚境界,其道德基础就在于"关心他人"。本书就学生的生命与他人教育问题进行了系统而深入的分析和探讨。

3.《与学生谈自然教育》

自然教育是解决如何按照天性培养孩子,如何释放孩子潜在能量,如何在适龄阶段培养孩子的自立、自强、自信、自理等综合素养的均衡发展的完整方案,解决儿童培养过程中的所有个性化问题,培养面向一生的优质生存能力、培养生活的强者。自然教育着重品格、品行、习惯的培养;提倡天性本能的释放;强调真实、孝顺、感恩;注重生活自理习惯和非正式环境下抓取性学习习惯的培养。

4.《与学生谈社会教育》

现代社会教育是学校教育的重要补充。不同社会制度的国家或政权,实施不同性质的社会教育。现代学校教育同社会发展息息相关,青少年一代的成长也迫切需要社会教育密切配合。社会要求青少年扩大社会交往,充分发展其兴趣、爱好和个性,广泛培养其特殊才能,因此,社会教育对广大青少年的成长来说,也其有了极其重要的意义。本书就学生的生命与社会教育问题进行了系统而深入的分析和探讨。

5.《与学生谈创造教育》

我们中小学实施的应是广义的创造教育,是指根据创造学的基本原理,以培养人的创新意识、创新精神、创造个性、创造能力为目标,有机结合哲学、教育学、心理学、人才学、生理学、未来学、行为科学等有关学科,全面深入地开发学生潜在创造力,培养创造型人才的一种新型教育。其主要特点有:突出创造性思维,以培养学生的创造性思维能力为重点;注重个性发展,让学生的禀赋、优势和特长得到充分发展,以激发其创造潜能;注意启发诱导,激励学生主动思考和分析问题;重视非智力因素,培养学生良好的创新心理素质;强调实践训练,全面锻炼创新能力。本书就学生的生命与创造教育问题进行了系统而深入的分析和探讨。

6.《与学生谈非智力培养》

非智力因素包含:注意力、自信心、责任心、抗挫折能力、快乐性格、探索精神、好奇心、创造力、主动思索、合作精神、自我认知……本书就学生的非智力因素培养问题进行了系统而深入的分析和探讨,并提出了解决这一问题的新思路、可供实际操作的新方案,内容翔实,个案丰富,对中小学生、教师及家长均有启发意义。本书体例科学,内容生动活泼,语言简洁明快,针对性强,具有很强的系统性、实用性、实践性和指导性。

7.《与学生谈智力培养》

教师在教学辅导中对孩子智力技能形成的培养,应考虑智力技能形成的阶段,采取多种教学措施有意识地进行。本书就学生的智力培养教育问题进行了系统而深入的分析和探讨,并提出了解决这一问题的新思路、可供实际操作的新方案,内容翔实,个案丰富,对中小学生、教师及家长均有启发意义。本书体例科学,内容生动活泼,语言简洁明快,针对性强,具有很强的系统性、实用性、实践性和指导性。

8.《与学生谈能力培养》

真正的学习是培养自己在没有路牌的地方也能走路的能力。能力到底包括哪些内容?怎样培养这些能力呢?本书就学生的能力培养问题进行了系统而深入的分析和探讨,并提出了解决这一问题的新思路、可供实际操作的新方案,内容翔实,个案丰富,对中小学生、教师及家长均有启发意义。本书体例科学,内容生动活泼,语言简洁明快,针对性强,具有很强的系统性、实用性、实践性和指导性。

9.《与学生谈心理锻炼》

心理素质训练在提升人格、磨练意志、增强责任感和团队精神等方面有着特殊的功效,作为对大中专学生的一种辅助教育方法,不仅能够丰富教学内容,改革教学模式,而且能使大学生获得良好的体能训练和心理教育,增强他们的社会适应能力,提高他们毕业之后走上工作岗位的竞争力。本书就学生的心理锻炼问题进行了系统而深入的分析和探讨。

10.《与学生谈适应锻炼》

适应能力和方方面面的关系很密切,我认为主要有以下几个方面:社会环境、个人经历、身体状况、年龄性格、心态。其中最重要是心态,不管遇到什么事情,都要尽可能的保持乐观的态度从容的心态。适应新环境、适应新工作、适应新邻居、适应突发事件的打击、适应高速的生活节奏、适应周边的大悲大喜,等等,都需要我们用一种冷静的态度去看待周围的事物。本书就学生的社会适应性锻炼教育问题进行了系统而深入的分析和探讨。

11.《与学生谈安全教育》

采取广义的解释,将学校师生员工所发生事故之处,全部涵盖在校园区域内才是,如此我们在探讨校园安全问题时,其触角可能会更深、更远、更广、更周详。

12.《与学生谈自我防护》

防骗防盗防暴与防身自卫、预防黄赌毒侵害等内容,生动有趣,具有很强的系统性和实用性,是各级学校用以指导广大中小学生进行安全知识教育的良好读本,也是各级图书馆收藏的最佳版本。

13.《与学生谈青春期情感》

青春期是花的季节,在这一阶段,第二性征渐渐发育,性意识也慢慢成熟。此时,情绪较为敏感,易冲动,对异性充满了好奇与向往,当然也会伴随着出现许多情感的困惑,如初恋的兴奋、失恋的沮丧、单恋的烦恼等等。中学生由于尚处于发育过程中,思想、情感极不稳定,往往无法控制自己的情绪,考虑问题也缺乏理性,常常会造成各种错误,因此人们习惯于将这一时期称作"危险期"。本书就学生的青春期情感教育问题进行了系统而深入的分析和探讨。

14.《与学生谈青春期心理》

青春期是人的一生中心理发展最活跃的阶段,也是容易产生心理问题的重要阶段,因此要关注心理健康。本书就学生的青春期心理教育问题进行了系统而深入的分析和探讨,并提出了解决这一问题的新思路、可供实际操作的新方案,内容翔实,个案丰富,对中小学生、教师及家长均有启发意义。本书体例科学,内容生动活泼,语言简洁明快,针对性强,具有很强的系统性、实用性、实践性和指导性。

15.《与学生谈青春期健康》

青春期常见疾病有,乳房发育不良,遗精异常,痤疮,青春期痤疮,神经性厌食症,青春期高血压,青春期甲状腺肿大,甲型肝炎等。用注意及时预防以及注意膳食平衡和营养合理。本书就学生的青春期健康教育问题进行了系统而深入的分析和探讨,并提出了解决这一问题的新思路、可供实际操作的新方案,内容翔实,个案丰富,对中小学生、教师及家长均有启发意义。本书体例科学,内容生动活泼,语言简洁明快,针对性强,具有很强的系统性、实用性、实践性和指导性。

16.《与学生谈青春期烦恼》

青少年产生烦恼的生理原因是什么? 青少年的烦恼有哪些? 消除青春期烦恼的科学方法有哪些? 本书就学生如何摆脱青春期烦恼问题进行了系统而深入的分析和探讨,并提出了解决这一问题的新思路、可供实际操作的新方案,内容翔实,个案丰富,对中小学生、教师及家长均有启发意义。本书体例科学,内容生动活泼,语言简洁明快,针对性强,具有很强的系统性、实用性、实践性和指导性。

17.《与学生谈成长》

成长教育的概念,从目的和方向上讲,应该是培育身心健康的、适合社会生活的、能够自食其力的、家庭和睦的、追求幸福生活的人;从内容上讲,主要是素质及智慧的开发和培育。人的内涵最根本的是思想,包括思想的内容、水平、能力等;外显的是言行、气质等。本书就学生的健康成长问题进行了系统而深入的分析和探讨,并提出了解决这一问题的新思路、可供实际操作的新方案,内容翔实,个案丰富,对中小学生、教师及家长均有启发意义。

18.《与学生谈处世》

处世是人生的必修课,从小要教给孩子处世的技巧,让孩子学会处世的智慧,这对他们的成长至关重要。本书从如何做事、如何交往、如何生活、如何与人沟通、如何处理自己的消极情绪等十个方面着手,力图把处世的智慧教给孩子,让孩子学会正确处理复杂的人际关系。本书体例科学,内容生动活泼,语言简洁明快,针对性强,具有很强的系统性、实用性、实践性和指导性。

19.《与学生谈理想》

教育是一项育人的事业,人是需要用理想来引导的。教育是一项百年大计,大计是需要用理想来坚持的。教育是一项崇高的事业,崇高是需要用理想来奠实的。学校没有理想,只会急功近利,目光短浅,不能真正为学生终身发展奠基;教师没有理想,只会自怨自艾,早生倦怠,不会把教育当作终身的事业来对待。学生没有理想,就没有美好的未来。本书就学生的理想信念问题进行了系统而深入的分析和探讨,并提出了解决这一问题的新思路、可供实际操作的新方案,内容翔实,个案丰富,对中小学生、教师及家长均有启发意义。

20.《与学生谈人生》

人生观是对人生的目的、意义和道路的根本看法和态度。内容包括幸福观、苦乐观、生死观、荣辱观、恋爱观等。它是世界观的一个重要组成部分,受到世界观的制约。本书就学生如何树立正确的人生观问题进行了系统而深入的分析和探讨,并提出了解决这一问题的新思路、可供实际操作的新方案,内容翔实,个案丰富,对中小学生、教师及家长均有启发意义。本书体例科学,内容生动活泼,语言简洁明快,针对性强,具有很强的系统性、实用性、实践性和指导性。

由于时间、经验的关系,本书在编写等方面,必定存在不足和错误之处,衷心希望各界读者、一线教师及教育界人士批评指正。

编者

目　录

第一章　生命与社会教育指导 ……………………………… (1)

　1. 社会公德教育的重要性 …………………………………… (2)

　2. 弘扬奉献精神的时代意义 ………………………………… (5)

　3. 学生慈善公益精神的教育 ………………………………… (14)

　4. 学生参加社会实践的重要性 ……………………………… (18)

　5. 学生社会责任意识的培养 ………………………………… (25)

　6. 学生公民意识的培养 ……………………………………… (27)

　7. 学生社会权利意识的培养 ………………………………… (30)

　8. 如何加强学生的社会公德教育 …………………………… (36)

　9. 怎样指导学生参加社会实践 ……………………………… (41)

　10. 培育学生社会责任意识的方法 …………………………… (44)

　11. 培养学生具有公民意识的方法 …………………………… (49)

　12. 加强学生社会权利意识的方法 …………………………… (55)

　13. 学生的社会奉献精神培养 ………………………………… (59)

　14. 学生的慈善公益精神培养 ………………………………… (64)

第二章　学生与社会相处原则 ……………………………… （69）

1. 加强修养，做人高风亮节 ……………………………… （70）

2. 克己利人，常怀仁爱之心 ……………………………… （72）

3. 克服偏狭不良心理 ………………………………………… （77）

4. 克服可怕的骄傲心理 …………………………………… （80）

5. 克服嫉妒心理 …………………………………………… （83）

6. 克服多疑的不良心理 …………………………………… （86）

7. 克服偏激心理 …………………………………………… （89）

8. 克服自私自利心理 ……………………………………… （92）

9. 克服自卑心理 …………………………………………… （96）

10. 过分羞怯影响正常发展 ………………………………… （99）

11. 克服虚荣心 ……………………………………………… （104）

12. "哥们儿义气"讲不得 …………………………………… （106）

13. 杜绝小心眼 ……………………………………………… （110）

14. 不要耍面派 ……………………………………………… （113）

15. 错误的"英雄观" ………………………………………… （115）

16. 对事情不敏感 …………………………………………… （120）

17. 人而无信，不知其可也 ………………………………… （123）

18. 和消极心态告别 ………………………………………… （126）

19. 用积极的心态对待社会 ………………………………… （130）

第三章　学生与社会相处方法 ……………………………… （135）

1. 正确地认识自我 ………………………………………… （136）

2. 做事三思而后行 ………………………………………… （139）

3. 自我反省，自我提高 …………………………………… （142）

4. 懂得感恩，懂得报恩 …………………………………… （144）

5. 勇于承担责任 ·················· （147）

6. 克服心理障碍,塑造人格魅力 ·········· （150）

7. 善于倾听,赢得人心 ·············· （152）

8. 微笑,可以化解一切不快 ··········· （156）

9. 帮助他人,美丽心灵 ·············· （159）

10. 善于赞美他人,为人际关系加分 ········ （163）

11. 心存善意,快乐成长 ············· （165）

12. 以诚待人,平等交往 ············· （168）

13. 信守承诺,绝不食言 ············· （170）

14. 宽容与尊重的美德 ·············· （172）

15. 学会欣赏他人 ··············· （175）

16. 用适当的方式处理友谊 ··········· （177）

17. 不怀忌妒与狭隘之心 ············· （182）

18. 学会换位思考 ··············· （185）

18. 执著心态可以滴水穿石 ··········· （189）

19. 包容心态会让心胸开阔 ··········· （192）

20. 诚信心态使你立足于世 ··········· （196）

第一章

生命与社会教育指导

1. 社会公德教育的重要性

当代大学生是肩负推动社会发展使命的重要群体，是国家和民族的未来和希望，加强大学生社会公德教育具有重要的社会现实意义。

俗话说，人无德不立，国无德不兴。2001年1月在全国宣传部长会议上第一次提出"以德治国"的科学论断；2002年11月召开的党的十六大，以德治国的思想写入了十六大报告，把思想道德建设作为治国的基本方略，把德治提高到与法治并举的高度，在我们党的历史上还是第一次。

社会主义道德建设是发展先进文化的重要内容，加强社会公德教育连续被写入了党的十五大、十六大和十七大报告。道德建设对新世纪全面建设小康社会，加快改革开放和现代化建设步伐，顺利实现第三步战略目标具有十分重要的意义。社会公德教育是道德建设的核心内容，已经成为当前影响经济和社会和谐发展的一个不容忽视的问题。学校是进行系统道德教育的重要阵地，而大学生社会公德教育是思想道德教育的重要内容。

社会公德的内涵

社会公德就是指适用于社会公共领域中的道德规范或者道德要求，即社会公共生活的道德。社会公德是一定社会的大多数公民或者全体公民在社会公共生活和交往中都应该自觉遵循的行为准则，它涵盖了人与人、人与社会、人与自然之间的主要关系。

社会公德的突出特点是它的社会公共性质，即它作为一种行为规范的社会普遍性质，在一定的社会中，它对大多数成员，是一种一般的道德要求。这就是说，社会公德并不是哪一个社会集团、社会阶层、社会阶级所特有的道德要求，而是该社会各个社会集团、社会阶层所特有的道德要求，而是该社会各个社会集团、社会阶层、社会阶级都应当遵循的共同道德要求。正是在这个意义上，我们可以说社会公德是没有阶级性的，它具有全人类性的特点。

但是，这并不意味着在阶级社会中或者在有阶级的社会中，社会公德与社会上的阶级道德是没有任何联系的。一定社会中的各个阶级、阶层或集团虽然都公开承认共同的社会公德，但是各个阶级自己具有不同的态度。这说明，在阶级社会中或者在有阶级的社会中，纯粹的超阶级的道德是不存在的，甚至连没有阶级性的社会公德，也会有阶级道德影响的痕迹。

当前中国大学生社会公德现状

从总体上看，当代大学生的社会公德意识有了一定程度的提高，大多数学生具有较强的社会公德意识和社会责任感。他们热爱祖国，关心国家的前途和命运，热心公益活动，乐于助人，能够在行为层面上很好地践行社会公德，这是当代大学生的主流。但也有相当一部分大学生的社会公德意识淡薄，甚至漠视社会公德，只讲个人享乐，无视国家、集体和他人的利益，具体表现在以下两个方面：

（1）社会公德意识淡化。

有的学生对爱国、守法、遵守社会公德等观念不以为然，忽视自己的公共形象，缺乏应有的公德意识。如不注意公共卫生，乱扔废物；在公共场所大声喧哗、吸烟、打架等也时有发生；上课交头接耳、谈恋爱、接打电话等现象也屡见不鲜；不珍惜公共财物甚至破坏公共财物现象也随处可见；参加集体活动时特立独行、滋扰活动秩序等等也时有发生。

（2）社会公德行为失范。

由于应试教育的影响，一些学校片面追求高升学率，忽视学生道德教育，造成一些学生知识水平高但道德观念缺失。一些学生在网上聊天时谎话连篇，有的在 BBS 论坛上发表一些不健康的言论，在网上散布一些有害信息，浏览一些不健康的黄色网站。

同时，也有一些学生不讲学术道德，剽窃他人学术成果，有的甚至弄虚作假抄袭或购买网上论文当作自己的论文发表。对于教育工作者来说，一定要重视学生道德行为的养成与规范，要科学地规划和培养大学生道德修养和建设。

加强大学生社会公德教育的必要性

马克思指出："人的本质不是单个人所固有的抽象物，在其现实性上，它是一切社会关系的总和。"因此，确立和谐社会主题下大学生社会公德建设的目标离不开对人的探讨，必须坚持以人为本，提高综合素质。马克思主义指导我们注重从人的本质角度思考公民道德建设问题，注重对人和人性的探讨，从而改变传统的高校思想政治教育的内容。

（1）和谐社会各个基本特征的需要。

胡锦涛总书记从六个方面归纳出社会主义和谐社会的基本特征，即民主政治、公平正义、诚信友爱、充满活力、安定有序、人与自然和谐相处。因此，我们要实现社会的和谐，就需要公民道德建设发展到一个较高的程度，特别是作为社会公德教育主要载体的大学生，要在社会公德方面体现出先锋模范作用，形成以点带面的社会公民道德教育的局面，赋予一切社会关系以道德教育的功能，从而造就社会的和谐氛围。

（2）社会转型时期社会公德的丧失或异化。

目前，我国正处于社会发展的转型时期，人们的思想道德观念也随之转变，传统的伦理道德观面临社会现实的考验。在市场经济体制下，社会上一部分群体贪图小利，违背社会公德的束缚，甚至不惜牺牲自己的尊严和人格来获得经济利益，而思维活跃的大学生最易受这些负面现象的影响。

马克思主义全面发展的理论认为，社会公德教育的目的在于人的全面自由、和谐发展。这就为和谐社会主题下大学生的社会公德教育提供了理论依据。因而，和谐社会大学生的公民道德教育目标，是通过以社会实践为基础的道德教育，全面地提升大学生的政治素质、思想素质、道德素质和心理素质，培养符合党和国家要求的、顺应社会主义市场经济发展的、人格健全的公民。

（3）大学生综合素质提高与和谐社会建设的内在要求。

随着科学技术的发展，网络日益普及，但网络道德弱化、诚信观念缺失、整个社会道德价值和伦理观念趋于多元化，使大学生处于迷茫和困惑之中。面对错综复杂的社会局面和互相冲突的道德价值观，思想道德素质低和综合素质差的大学生就无法适应社会生活形势的变化，更谈不上构建和谐社会。

只有加强大学生公民道德建设，使当代大学生能够站在时代发展的前列，传播中华民族传统文化中的崇尚道德、重视智慧、强调文化修养、注重人文素质培养等精华内容，深刻地影响公民的品德、性格、心理和行为取向，形成符合和谐社会发展的民族品格和民族精神。

2. 弘扬奉献精神的时代意义

伟大的共产主义战士雷锋，一生共渡过了 22 个春秋，在他短暂的一生中，曾是一名普通的学生、普通的乡务员、普通的推土机手、普通的汽车运输兵。在这些普普通通的身份和角色里，他成就了不普通的人生。他是平凡的，又是伟大的。因为他的所作所为，作为行为个体，是一般人都能做到的，而作为人生追求，又必须通过努力的探索、艰苦的磨砺、不懈的追求才能实现。

学习中探求真知

学习，是为了探求真知。学习的真知，包涵知识和技能、态度和标准、目的和追求，因此，只有探求真知的学习，才能使人得到充实、提高、改造和完善。雷锋从一个有着"报恩思想"的普通一员，成长为与世长存的楷模，同他在修身治学上追求真知的精神是分不开的。正是通过不断的学习和求索，确立了正确的世界观、人生观、价值观，把个人与人民、与社会、与祖国紧紧联系在一起。

（1）学习就为"对社会有用"。

人之所以学习，是为了获得知识或技能，认知世界，改造世界。雷锋正是把握了这样一个学习的真谛，因而时刻牢记着马克思的教导："不学无术，在任何时候、对任何人都无所帮助，也不会带来利益。"他懂得，只有多学点本领，才能更好地为人民服务，因此，不放过任何学习机会，努力学习政治、军事、文化，成为一个有利于人民，有利于国家的人。

学习，就要真正地学知识、学本领，而不是为学习而学习，更不是为"装门面"，包装自己，或往脸上贴金，提高自己的身价。要实实在在掌握文化知识、理论知识和工作技能。充实自己、提高自己，以适应社会要求。

以此为目的，才能做到"学习虚心，不懂就问，不装懂"，绝不会夸夸其谈，满足于一知半解，而是"打破砂锅问到底"。学文化、学理论、学技术，最终都是为了指导实践，用于实践。同时，实践过程本身又是学习的过程。学而不用，等于没学；学以致用，"边学、边想、边改、边运用"，才能实现学习的目的，才能实现学习者的价值，实现"更好地为人民服务"的最终目标。

（2）学习必须善于"挤"和"钻"。

"善于挤和善于钻"，就是雷锋在学习上的"钉子"精神。一个人的生命是短暂的，知识也是有限的。所以，要顽强地挤出时间学习，要拼命地钻研学习难题。学习提高，既是一种人生追求，又是一个艰苦的过程，如果没有"挤"劲和"钻"劲，时间紧就放弃了，遇难题就退却了，学习的果实将永远与你隔岸相望，遥不可及。

只有具有强烈的探求真知的欲求和渴望，把学习当作探求真知的必由之路，把学习当作人生重要组成部分，才会战胜艰苦，战胜寂寞，才会抵挡住外面"精彩世界"的诱惑，才会体会到苦中有乐，乐在其中。也就会自觉地挤时间，主动地钻难题。没有压力，钉子也挤不出空隙、钻不进木板。学习上的压力，来自探求真知的欲求、人行价值的追求、社会发展的要求。

雷锋从一个只有小学文化程度的人提高到能够深刻领会毛主席著作，能够学习《马克思主义哲学》等理论著作，并能写出相当质量的日记、诗歌、散文和理论文章，还能很快地学会各种专业技术，就在于他孜孜以求的学习态度和勤奋刻苦的学习精神，就在于他"走到哪学到哪"的挤劲和"不懂就问"的钻劲。别人上街，他在学习，别人看电影，他也在学习，别人回家过节，他还在学习，因而也就能够干一行，爱一行，钻一行，精一行。

（3）"永做小学生"。

学习上探求真知，必须有谦虚好学、永不满足的学习态度。社会是发展的，宇宙是无限的，为人类的求知和发展提供了广阔、无尽的空间。人的求知欲又是与掌握知识的程度成正比增长的。

"学尔后知不足"，越学习越能知道到自己的不足，越懂得学习的紧迫性。世界上从来没有一劳永逸、终生坐享的学问，主观世界如果不随着客观世界一道前进，就只能抱残守缺、孤芳自赏。正如雷锋所言"装知识的碗，就像神话中的'宝碗'一样，永远也装不满。"因此，要虚心学习。

"骄傲的人，其实是无知的人，好比一个瓶子装水，一瓶子不满，半瓶子晃荡。"刻苦学习，在知识上不断丰富、更新，才能不断地超越自我。自我否定某些片面、过时的东西，正是为了完成新我、雕塑人生。雷锋在他短暂的人生征途上，时时有目标，处处有追求，始终朝着坚定的方向不懈努力。

在学理论上，做到理论联系实际，"用学习的理论、观点对照联系自己的思想劳动和周围的一切实际。"在思想上，他注重"学习毛主席的立场、观点、方法"，并"与改造自己的思想相结合"；在工作上，他像"点灯加油"一样处理工作和学习的关系；在学习他人上，他要求自己"虚心向群众学习，永远做群众的小学生"。

雷锋能够完美地处理好人生道路上的一系列重大问题，离不开他的刻苦学习，离不开他在学习中逐步树立的"辩证唯物主义世界观"。

实践中完善自我

"思想根本不能实现什么东西，为了实现思想，就要有使用实践力量的人"，离开了实践这个根本，任何先进的生死观、苦乐观等等都是空的。雷锋不但有先进的思想，他还深刻理解实践的意义。

雷锋的一生，就是不断付出劳动，不断实践进步，不断完善自我的一生。他干一行钻一行，干一行精一行，使人生认识与自我实践实现了完美的统一。在身体力行中实践着"为人类最美好的幸福生活而斗争"的理想，他光辉的思想在实际行动中开了花，结了果。

（1）精益求精的标准意识。

最高标准，既是雷锋劳动实践的准则，也是对自身的要求。有标准，才有目标，才有追求。用高标准要求自己，就有压力，就能促使自己进步。人的思想意识、精神境界、道德水平是在劳动实践中得到提高和完善的，用最高的标准要求自己，才能不断地超越自我、完善自我。

没有标准，也就没有追求，能走多远算多远，"做一天和尚撞一天钟"，其结果，最终是自我放弃。雷锋从来都是以最严格、最高的标准来要求自己，精益求精，无论干什么工作都是最出色的。"在工作上，要向积极性最高的同志看齐；在生活上，要向水平最低的同志看齐"。

公共财产管理他做到有条不紊，打扫房间也要做到干干净净；学开拖拉机，一个多月就成为优秀拖拉机手；在鞍钢一年多，三次评为先进工作者，五次评为红旗手，十八次评为标兵；在部队，是"五好战士"，是标兵，还是人民代表；就连给战友们理发、补袜子这些小事，他也干得非常出色。无论什么工作，什么岗位，他都是"力争上游"，"干一行就干好一行"。

（2）忘我劳动的耕耘精神。

脚踏实地的劳动实践是实现远大理想的基础和途径。"临渊羡鱼，不如退而结网"；苦干实干，勤奋耕耘，才会有收获。雷锋懂得："人若没有干劲，好像没有蒸汽的火车头，不能动；好像没有翅膀的鸟，不能飞。"不管在哪个岗位上都能闪闪发光，与他勤学苦练、踏实肯干是分不开的。

雷锋的闪光之点，就在于他把自己的一切置之度外，全部身心干工作，努力为社会做贡献。有人说他"傻"，他甘愿当"傻子"，有人说他"亏"，他却不怕"吃亏"。"只要付出了艰苦的劳动，车子就会听使唤。平时不愿下苦心，不肯做艰苦细致的工作，要想车况好，那就像坐着不动，想让苹果掉到嘴里来一样，是根本不可能的事。"

雷锋深深地懂得，只有艰苦细致、全力以赴，才能充分实现一个"螺丝钉"的自我价值。如果小事不愿做，大事做不来，老说空话大话，就是不办实事，于社会、于人民都是永远不会产生任何价值的。雷锋忠于职守，勤奋务实的精神，"敏于事而慎于言"的作风，对于任何时代，任何国家、任何个人都有永恒的意义。

（3）敢经风雨的拼搏斗志。

挑战自我，才能完善自我。雷锋深深懂得，实践才能出真知，实践才能长才干。他认为真正的本领是在困难中磨练炼出来的，"不经风雨，长不成大树，不受百炼，难以成钢"，因此，要"作暴风雨中的松柏，不作温室中的弱苗"，要迎着困难前进。

工作六年，换了五个岗位，他把每一个新的岗位，当作新的起点，当作磨练意志，提高能力的机会。把前进中每一个困难，当成不断增长本领的机会。他不贪图安逸，时时思进取，哪里艰苦就到哪里去，哪里需要就到哪里去。在县委机关主动申请到条件艰苦的治理沩水工地，还专找艰苦的事干。

在鞍钢，他再三要求到别人都不愿去的弓长岭铁矿；他把困难当成"纸老虎"，不但遇虎而打，而且找虎打；他不满足于已经取得的成绩，不在驾轻就熟的工作中固步自封，把所有的工作都看作是党和人民的需要，在各个新的岗位上认识自己的潜能、充分挖掘自己的潜能。

在干好本职工作的同时，还在诸如文艺演出、日记写作、团队辅导、演讲、打篮球、犁地等等业余工作中掌握了各种为人民服务的技能。他这颗小小的"螺丝钉"，无论拧在"机器"的哪个部分，都永不生锈。在他身上，充分体现了锐意进取积极向上的精神，永不自满不断创新的精神，这种精神正是社会发展和人类进步的原动力。

奉献中升华人生

在雷锋短短22年的人生轨迹中，并没有干出什么惊天动地的伟大事业，也没有什么熠熠生辉的成就。其一生所做的都是极其平常的事，像无数普通人一样，生得平常，活得平淡，走得平静。然而，于无声处听惊雷，于平淡中显神奇，雷锋以自己的人生实践诠释了人为什么而活着的伟大意义。

雷锋从一个普通人成长为共产主义战士，首先是其思想不断进步改造，从根本上解决了"为谁而活，怎样做人"的人生观和价值观，从而体现出"毫不利己，专门利人"的无私奉献精神。雷锋思想和人生的升华过程是：首先要在伟大的革命事业中做"永不生锈的螺丝钉"，然后把自己这一滴水融入到集体的海洋里永不干涸，甘当一砖一石，筑砌社会主义建设事业的高楼大厦。

（1）伟大事业的"螺丝钉"。

伟大的社会主义革命和建设事业是一架大机器，个人就是这架机器上的一颗螺丝钉。螺丝钉看来不起眼，但如果每一个螺丝钉都松动了，机器就会散架。雷锋懂得，只有干好本职工作，才能为社会和人民做出贡献。是一滴水，便要滋润一寸土地；是一缕阳光，便要照亮一分黑暗；是一颗粮食，便要哺育有用的生命；是一颗最小的螺丝钉，便要永远坚守在生活的岗位上……

在热爱生活报恩社会的基础上，雷锋不断端正革命观、工作观与纪律观，有一分热发一分光；他对待工作是夏天一样的火热，像螺丝钉一样的坚强和"傻子"一样扎实，脚踏实地，干就干好；他对照纪律经常开展批评与自我批评，随时清除思想上的毛病，在伟大的革命事业中永不生锈；服从革命的需要，革命需要烧木炭，就去做张思德，革命需要堵枪眼，就去做黄继光。对于革命工作，走到哪里，哪里就是他的家，他就在哪里工作。"个人的热情和勇敢服从革命的需要，才会焕发出最大的力量"。

（2）大海里的一滴水。

马克思主义认为，个人与社会、个体与人类从来不是两个对立的东西，任何个人的个体性是不能离开人类的共性的，即"特殊的个体性是人的个性"，因此，个人离不开集体。"一滴水只有放进大海里才能永远不干，一个人只有当他把自己和集体事业融合在一起的时候才能有力量。""一朵鲜花打扮不出美丽的春天，一个人先进总是单枪匹马，众人先进才能移山镇海"。

集体利益至上，个人利益必须服从集体利益。雷锋认为个人与集体的关系，正像细胞和人的整个身体的关系一样。当人的身体受到损害的时候，身体上的细胞就不可避免受到损害。所以他经常告诫自己要"牢牢记住，并贯穿在自己的生活和实际行动中，即革命的利益高于一切，处处为集体利益而不惜牺牲个人的一切"，"要树立牢固的集体主义思想，时刻都要把集体利益放在第一位，同时还要坚决打消个人主义，因为个人主义对革命不利，对集体有害。

个人主义好比大海中的孤舟，遇到风浪，要翻的，"爱护国家财产和人民生命安全，要比爱护自己的生命为重。"集体利益就是人民的根本利益，人民的利益是个人生存与发展的前提条件。雷锋的一生就是为谋取人民的根本利益而勤劳实践的一生，通过自己对人民与集体的无私奉献行动，完成了从普通一兵向伟大的共产主义战士的人格转变，使自我价值由追求变为现实。

（3）人民群众的勤务员。

全心全意为人民服务与为人民事业无私奉献是雷锋精神的本质。正是在无限的为人民服务中，雷锋找到了自己的位置，实现了自己的人生价值。对于雷锋的为人，人们是这样评价的，你渴了，他就是一滴水；你饿了，他就是一颗粮；你心里暗了、冷了，他就是一团火、一线阳光……

他很平凡，但他把自己仅有的一点光和热，全部献给了人民，献给了党。对于群众与人民，雷锋在其日记里多次写道，"对待同志要像春天般的温暖"，"一个共产党员是人民的勤务员，应该把别人的困难当成自己的困难，把同志的愉快看成自己的幸福"，"我要永远愉快地多给别人，毫不计较个人的得失"，"我是人民的勤务员，自己辛劳点，多帮人民做点好事，这就是我最大的快乐和幸福"……

言为心声，雷锋在生活中也是这样实践的。在社会主义市场经济条件下，有人把雷锋的为人民服务、为社会主义奉献精神与发展市场经济与维护合法权益根本对立起来，这在认识上是错误的，在实践中是有害的。

市场经济充分利用物质手段和互惠原则，激励了人们的劳动积极性，它要求经营者合法守法，这就意味着市场经济也亟需人人向雷锋所具备的崇高品德看齐，必须遵守市场交换的基本道德原则，如公正、诚信、勤劳、节俭。

因此，在当前市场经济发展中，要提倡惜时奋进、专心致志、踏实工作的敬业精神，要提倡艰苦朴素、精打细算、勤俭节约的创业精神，更要提倡我为人人、人人为我、奉献付出的服务精神。只有这样，才能成为一个纯粹的人、一个高尚的人，一个脱离了低级趣味的人。

（4）高楼大厦中的一砖一石。

"高楼大厦都是一砖一石砌起来的，我们何不做这一砖一石呢！我所以天天都做这些零碎事，就是如此"，"人的生命是有限的，可是，为人民服务是无限的，我要把有限的生命，投入到无限的为人民服务中去"。雷锋的心目中既有"高楼大厦"，又甘愿为建筑"高楼大厦"去做"一砖一石"。

千里之行，始于足下。不积跬步，无以致千里，不积小流，无以成江海。雷锋在人生的征途上，始终朝着坚定的方向而不懈努力，从点滴做起，从小事做起，把理想和行动结合起来，把未来转变为现实，这就使他成为一个高尚的人，一个永生的人。

雷锋懂得日常的言行举动就是为了不断地把理想变为现实，要实现伟大目标，必须身体力行地从响应党的号召、执行党的决议、政策以及日常的一件件事做起。他说过"当一名无名英雄是最光荣的，今后应该多做一些日常的、细小的、平凡的工作，少说漂亮话"，社会主义革命和建设事业就好比"高楼大厦"，是无比壮丽、无比辉煌的，但这壮丽辉煌的事业，与种种平凡、细小、简单、具体的工作分不开，与千百万人的艰苦奋斗分不开。

要想创造伟大的业绩，必须从日常平凡工作中的一点一滴做起，就要像雷锋那样，热爱平凡、安于平凡、立足平凡，不挑拣工作，不追求名利，无论在什么岗位上，都兢兢业业、扎扎实实，严格按照党的要求和人民的需要去做。

老一辈无产阶级革命家说过，"雷锋同志是平凡的，任何人都可以学到；雷锋同志是伟大的，任何人都要努力才能做到"，所以雷锋平凡而伟大的道德魅力无论处在什么时候都不会失去应有的光辉。

3. 学生慈善公益精神的教育

培养青少年慈善公益精神对我国现代慈善事业健康可持续发展，青少年现代公民意识的养成和青少年德育品质偏差现象的扭转有着积极的意义；将慈善公益文化教育纳入现行的德育课程体系，充分发挥媒体慈善的功能效应和创建慈善公益活动的参与平台是青少年慈善公益精神培养的有效途径。

我国现代慈善事业起步于上世纪90年代。慈善事业是指建立在社会捐赠基础上的社会救济事业，它是一种有组织的民间的群众性的互助活动，或者说它是指众多社会成员之间建立在自愿基础上所从事的一种无偿的、对不幸无助人群的援助行为。

慈善公益事业在消弭社会矛盾，实现社会财富第三次合理分配与推动和谐社会创建方面能产生积极的作用。本文所指称的青少年主要是在校接受初等、中等与高等教育的学生群体。慈善公益精神的教育有何丰富的内涵？适合青少年的慈善公益活动有哪些？培养青少年慈善公益精神有什么意义？本文就这些问题一一作了阐述。

慈善公益精神的内涵

现代西方慈善事业的概念界定为主要是对公共事务的关注和志愿性的对弱势群体的救助，从这个角度来看，慈善事业就是公益事业，公益事业的最大特点是强调公民的平等参与，当前我国的慈善事业正进入公益时代。慈善公益精神是一种人文理念，是一种公共社会精神和一种全新的价值观，反映了人与人、人与社会之间友爱、互助的人际互动和社会关系。

从行为的角度看是一种善的关怀，倡导人们以善良和仁慈的态度对待他人和社会，以自身的善行反馈于社会。从境界上看是一种崇高的情感，体现了人的德性升华。慈善是一种主动付出的爱的表现，牺牲自己的利益救援他人，收获的是奉献的快乐和人性成长，体现的是一种使命感和责任感。

青少年参加慈善公益活动的形式

民政部副部长李立国认为：慈善活动不仅仅是款物的捐赠，还包括人民群众的自愿参加、奉献爱心的一些慈善行为。慈善行为除了捐款捐物外，还包括人民群众的义工行为、社区中的志愿者行为，以及按照自己的能力来为他人、为社会、为困难群体进行扶助的行为。

李嘉诚、霍英东、邵逸夫等长期致力、推动慈善事业发展的慷慨义举是崇高的；徐本禹等一大批默默在山村支教的热血青年是高尚的；为灾区人民捐出自己微薄零用钱的小学生同样是可贵的。爱心不分大小，只要愿意付出，捐出一张纸、一本书都是慈善，从平凡做起、从简单做起都是助人。

在现代社会中应树立"人人皆可慈善"的理念，平民参与、普通人参与是支撑现代慈善事业发展的根本动力。青少年群体还不具备独立的经济能力，不能成为慈善劝募的主要对象，但广泛参加形式多样的志愿者服务不失为一种比较普遍适合而又有积极意义的方式。

比如，利用寒暑假时间下乡义务支教，给城市外来工子女或贫困家庭捐献图书、学习用品、义务献血、参加公益性演出或公益文化创作，参与环保公益宣传、社区公益劳动、为社区弱势群体提供各种社会服务等等。这些活动有的适合在大学生群体中进行，有的中小学生同样有能力参与。

培养青少年慈善公益精神的现实意义

（1）有助于我国现代慈善事业健康可持续发展。

十余年来，社会大众对慈善公益事业已经有了初步的认同和参与，但社会对慈善事业的发展有更高的要求。我国慈善事业在公民慈善观念、社会成员慈善参与度和广泛性、慈善专业人才数量方面与发达国家相比仍存在着明显差距。

其根源一方面在于起步晚、慈善政策法规健全程度不足、经济发展水平低等方面；另一方面，慈善公益文化教育的缺位，缺乏慈善公益精神是造成社会大众参与度和广泛性较低的重要原因。

从长远看，要使我国的慈善公益事业获得健康、可持续的发展，必须从青少年时期起开展慈善文化教育，培养慈善公益精神，培育未来社会慈善事业参与的主体。

据《中国青年报》统计自上世纪90年代起发展至今的青年志愿者人数目前已超过2500万人。2008年北京奥运会、残奥会上170万志愿者的微笑和服务成为一道亮丽的风景线，他们的志愿行动产生了巨大的社会公益力量和国际影响，我们应以此作为提升当代中国志愿公益活动的良好契机，激励更多的青少年积极参与到形式多样的社会公益活动中，推进我国慈善事业发展。

（2）有助于青少年现代公民意识的养成。

在现代公民教育的丰富内容中，普遍注重培养人们有效地参与国家和社会公共生活，培养健全自律的公民意识和公民道德，特别是强调提倡培养现代人具备一个公民所应有的公共社会精神。

公民意识、公共社会精神是现代慈善事业的思想基础。慈善公益精神以无私的奉献给他人增加福祉，具有较强的利他主义行为倾向，这恰恰是对公共社会精神的最好诠释。优良的道德品质不是通过教授而来的，只有通过教育主体的实践、参与、观察和情感体验才能上升为一种道德思想品质。

应注重在公益实践活动中引导青少年学习体谅他人、关爱他人、帮助他人，学习认识个人与他人、自然、社会的共处共生关系，学习树立理性的财富观，由此逐渐培养向善的激情、利他行为、健全的人格和社会责任感。

我国目前正处于从身份社会向公民社会的过渡时期。今天的青少年就是未来公民社会的主体，倡导青少年群体从小培养慈善公益意识、参与力所能及的公益活动，有助于社会公民角色的学习和扮演和公民意识的养成。

（3）有助于青少年德育品质偏差现象的扭转。

长期以来，我国的家庭教育和学校教育过于强调知识教育，重智轻德，忽视了解决人的个性和社会关系问题。从小学到大学阶段，青少年群体中出现了令人担忧的道德素质滑坡现象。集中表现在强烈的自我中心意识，消费主义欲望的抬升，道德冷漠，缺乏感恩意识、责任感。

当然，我们也欣喜地发现青少年群体同样也蕴藏着巨大的爱心和奉献精神，尤其在志愿公益服务事业的发展中默默实践、不断创新，创造了许多爱心奇迹。这启迪我们应拓宽德育教育的门径，引导青少年参与公益活动，扩大学习生活的空间，体验助人过程中的快乐，认识自己的社会价值，学习了解共生时代个人应承担的社会责任，才能走出自我的中心。

4. 学生参加社会实践的重要性

教育活动是整个社会活动的一个组成部分，教育离不开社会，学校教育脱离不了社会实践，特别是德育更是与社会实践密不可分。德育不仅要解决知不知、会不会的问题，而且要解决信不信、行不行的问题，即不但要授之以知、晓之以理，而且还要导之以行，并通过社会实践体验、感悟道德观念并逐渐内化为自己的素质，德育的实践性是德育实效性的基础。

关于大、中学生社会实践的衔接研究，就是根据大、中学生不同年龄段的生理、心理特点以及能力、文化水平的差异，确立大、中学生社会实践的内容、要求和目标，做到既有差异，又有有机衔接。

目前，在大、中学校内社会实践有着极其丰富的内涵，除了高等学校各专业安排的教学实习带有明显专业特点外，其它各类社会实践活动与中学虽有内容、形式上的不同点，但其本质和内涵是一致的。马克思关于人的全面发展学说十分注重人的社会实践。因此，坚持引导大中学生参加社会实践，是建设具有中国特色社会主义教育的重要措施。

大、中学生社会实践的现状

（1）军训。

当前大中学军训在衔接上存在的问题，主要表现为：

①大中学军训在内容上存在脱节现象。军训包括军、政训练两部分内容，但目前从总体上看"重军事技术训练，轻政治训练的现象"较为普遍，此种现象中学尤为突出。大、中学生在军事训练上，特别是队列训练上过多重复。大学的军事理论、军事科学的教学虽不尽人意，但有相应的教材和影像，而中学目前还缺一套与大学配套的、系统的、由浅入深的、循序渐进的军事思想与军事理论教材。

②在军训时间的安排上，不利于大、中学军训的衔接。大学军训在时间安排上采取训练二周和分散理论教育的办法，中学则采取集中军训二周的办法，大学、中学军训在时间安排上没有体现出层次性。军训对象目前为大学一年级与高中一年级学生，其间三年内，学生不再与军训有缘。这种突击性的安排不利于军训成果的巩固，也不利于大、中学军训的衔接。

③军训教官无统一安排。国家教育部、总参谋部在这方面也无统一的要求和规定，各校自找部队，自找教员，由于兵种不同，形成军训内容上的区别，甚至引起学校与学校间不应有的矛盾。

（2）农村社会实践。

①目前大、中学学生农村社会实践缺乏明确的目标，大部分大学没有农村社会实践的内容。其原因一是上级主管部门没有制定相应的学生农村社会实践目标；二是改革开放后农村大田责任到户，农民住房条件也起了很大变化，大批学生下乡有困难。

②目前有条件的区为各中学学生学农统一创设条件，让学生下

乡有一集中住宿、劳动、活动的场所。市教委也在千方百计利用社会力量创设学生农村社会实践基地，中学的农村社会实践主要由区主管部门解决，而大专院校的学生农村社会实践靠各校自行解决，市教委因财力、精力有困难无法统一解决。

③由于以上两条原因，所以大、中学的农村社会实践目前根本无法谈及衔接。我国是一个农业大国，大学生走向农村，旨在了解农村、了解国情，了解社会主义建设和改革开放的实际，接触农民对增强学生的群众观点、劳动观点和社会主义事业的事业心、责任感有实际意义。

（3）社会考察。

改革开放以来我国发生着巨大的变化，人民的生活水平有了明显的提高，物质生活极大丰富，为了加强学生的爱国主义教育和加深对中国共产党的情感，目前小学、中学、大学都要求学生进行"昨天、今天、明天"的考察活动，现就大中学在社会考察活动的衔接中存在的问题简单介绍如下：

①由于大、中学生自身的知识水平、认识水平的差异，在考察过程、考察内容、考察报告上有明显区别，中学生观察总是比大学生较为表面，比较注重看得见、摸得着的变化，而大学生的考察比较注重在体制、机制、规律性的运作上，大学生的考察报告有许多都能比较深刻地指示本质的、内在的规律。

②中学由于高考与择业的压力，高三的社会考察活动就显得苍白无力，有的学校甚至流于形式，弄虚作假。由于社会考察的形式是由学校出具介绍信，学生自找门路，学生的考察过程教师很难监控，学生考察结果的真实性、可靠性及可信度有问题，社会考察活动作为高三教学计划中的一门必修课，难以实施有区分度、有信度

的考核。

开展社会实践活动的意义

（1）社会实践活动是学生成才的必由之路。

在近代革命史上，许多有成就的人，都是十分注重实际，接近工农，尊重工农，在与工农相结合的过程中完善自己，从而实现远大抱负的。中国伟大的共产主义先驱者李大钊在学习传播马克思主义的过程中，逐步认识到中国知识分子的出路。他号召知识阶级与劳工阶级打成一片，并亲自到工人、农民当中去，与工人农民相结合。

在李大钊的影响下，大批青年知识分子走出书斋，到工农民众当中去，参加了革命实践。他们中的许多人为中华民族的解放做出了卓越的贡献。毛泽东同志也曾身背一把雨伞，脚穿一双布鞋，行千里路，进万家门，在工农群众中调查研究，写出了著名的《中国社会各阶级的分析》。

革命领袖是这样，其他杰出的人才也是这样。李时珍长期生活在群众之中，才能写成《本草纲目》；聂耳了解了人民群众的苦难和心声，才创作出《义勇军进行曲》。文学巨匠鲁迅、巴金、老舍等，没有一个是两耳不闻窗外事与人民群众相脱离的人。

目前在校中学生普遍年龄较小，与社会接触不多。表现在言行上容易脱离实际，缺乏分析问题、解决问题的能力，容易自高自大，表现在学习上则是缺乏毅力，遇到困难就退缩。中学生的这些弱点，严重地影响中学生的成才，而积极参加社会实践活动可以改变这种状况。

在社会的大课堂里，可以巩固学生在校学习的知识，还能扩大学生的知识领域和开阔他们的视野，加深他们对课本知识的理解。

通过社会实践活动，还可以检验学生理解问题的能力，使学生更加深刻地认识自己，客观地评价自己。在社会实践活动中，学生在与工农的接触中，认真学习了群众吃苦耐劳，敢于奉献，锐意进取等优秀品质，这有利于培养学生的意志力，有利于他们成才。

毛泽东在做学生时，就提倡要读社会这部"无字书"，学习不能脱离社会实际。他一生作了大量的社会调查，提出了"使用"是比"读书"更重要的学习的思想。所以，中学生在学习书本知识的基础上，积极投身到社会大课堂中，才能克服脱离实际、心浮气躁的书生气，才有希望成为有成就的人才。

（2）开展社会实践活动，是进行思想教育的良好途径。

邓小平同志指出："10年最大的失误是教育。"我们近10年来艰苦奋斗、艰苦创业的教育不够，尤其是没有把坚持四项基本原则作为基本思想来教育人民，教育学生，教育全体干部和共产党员。而开展社会实践活动，可以弥补以往教育工作中的失误，有效地补充学校教育的不足，克服了学校教育的局限性。

在社会的大课堂里，学生可以了解国情民情。通过自己家庭经济状况的数据对比，走访乡邻父老，请他们讲一讲10余年来的发展和变化，可以帮助学生了解我国40年来，特别是十一届三中全会以来发生的变化，使学生感到中国总的形势是好的，感到祖国大家庭的前进和发展。

在与工农的接触中，还可以感到人民的期待和信赖，从而树立起为人民服务的思想。在社会的大课堂里，学生可以受到良好的革命传统教育。榜样的力量是无穷的，学生在与工农的接触中，可以学到中华民族艰苦创业、艰苦奋斗的优良品质，特别是几年来许多中学开展的"追随先烈足迹，重走长征路"的活动，到烈士陵园扫墓，请老红军作报告，到革命圣地老区考察等活动，都深深地吸引着中学生，不断净化学生的心灵，促使他们继承优良的革命传统。

下面是河南师大附中的一位中学生参观兰考县后写下的一篇日记："我站在焦裕禄的墓前，望着那一棵棵排列整齐的泡桐树，茁壮成长的庄稼，我的心灵在净化，过去我认为，人都是自私的，今天我从焦书记的身上看到了大写的'人'字。我懂得了，人生的价值在于奉献，而不是索取。"

在社会的大课堂里，可以增强学生反和平演变的意识。学生在社会实践活动中，提高了对各种错误思潮的鉴别力，提高了对党的各项方针政策的理解力，提高了学生自身的能力，从而认识到社会主义事业和改革的艰巨性、复杂性，增强学生的历史责任感。

西方资本主义国家，利用青年人不了解国情的弱点，大造谣言来迷惑青年学生，企图否定社会主义制度。为使其阴谋不能得逞，我们就要充分利用社会实践活动这个最好的载体，激励学生读懂"中国"这本书，增强反和平演变的意识，立志做革命事业的接班人。

（3）学生通过社会实践活动，可从中获得学习动力。

随着世界新技术革命的到来，科学技术迅猛发展，已成为第一生产力。目前在我国掀起的科技热潮，反映在农村，就是科技兴农。用科技指导农业生产，发展农业生产，越来越引起农民的重视。

在厂矿企业，企业家们越来越重视科学技术的运用，不断更新产品，提高产品质量。在中国大地上，全民科技意识的提高，为中学生参加社会实践活动创造了良好的外部环境，使学生受到深刻启发，获得学习动力。

曾有一位中学生，暑假返乡开展社会调查，在调查的过程中，一位老农民的话使这位中学生的心情久久不能平静。"你能给我提供一项致富的农业技术吗?"朴实的话语，使这位中学生无言以答。于是，这位同学在总结中写道:"以前我把农民看得太简单了，农民大伯的一句话，使我深刻认识到，我们的人民需要我们青年学生掌握更多、更深的文化科学知识，而不是空谈，讲大道理。"

还有一位中学生，利用暑假参观了一家合资企业，当得知工人因受技术水平、文化素质的限制，经常出现不合格产品时，他非常吃惊，想不到在科技迅猛发展的今天还有这样的事情! 吃惊的同时，这位中学生自己作了反思，于是得出了"我没有理由不学好科学文化"的结论。

在近几年的社会实践活动中，学生一般会遇到类似这两位同学遇到的情况。这些生动的社会实践活动，可以使学生感到"四化"建设对知识和人才的迫切需求，从而激发学生刻苦学习的热情和获得勤奋上进的巨大动力，悟出了怎样做才能为社会所接纳，什么是正确的成才道路，从而促进学生学业的完成。

当然，学生参加社会实践活动，也可以提高学生的综合能力，加快他们的"社会化"速度。在实践中能提高他们符合社会需要的综合能力，提高分析、处理疑难问题的能力和社会交往的能力，培养脚踏实地、勤劳苦干的作风，增强战胜困难和挫折的信心等等。而这些综合素质是不易从书本上学到的，只能通过社会实践来获取。

综上所述，中学生必须在认真学习好书本知识的同时，积极参加社会实践活动，任何人都离不开人民群众。希腊神话中的安泰，虽然力大无比，但如果离开了大地母亲，他就会软弱无力。

5. 学生社会责任意识的培养

青年学生是祖国的希望和未来，他们的素质，特别是思想道德素质如何，关系到建设中国特色的社会主义事业能否后继有人，关系到我国社会主义现代化建设事业在 21 世纪能否巩固和发展。在全面建设小康社会，推进中国特色社会主义现代化建设的今天，充分认识社会责任意识的重要性，大力培育学生的社会责任意识，具有十分重要的意义。

社会责任是一个人对社会、集体、他人所承担的责任、任务和使命。社会责任意识即人对这种社会责任的心理态度和思想认识。它表现为一个人对国家、民族、社会、他人的责任感和负责态度，并化为忠于祖国、献身社会、关心他人、保护环境、完善自我的责任行为，是个人发展目标与国家民族目标协调一致的具体表现，是社会进步的需求，也是促进个人发展的内在动力。

社会责任意识是人的社会性的本质体现

人总是生活在一定的社会关系中，处于特定的社会位置，充当着一定的社会角色。人的这种社会特征要求人除对自身负责外，还必须对他所处集体及社会负责，要能正确处理个人与集体、社会和其他成员的关系。

马克思、恩格斯曾指出："作为确定的人，现实的人，你就有规定，就有使命，就有任务，至于你是否意识到这一点，那都是无所谓的。这个任务是由于你的需要及其与现存世界的联系而产生的。"这就说明，每个人都必须具有自觉服从社会的义务感，有为民族、国家、社会奉献的责任感。也正是这种义务感和责任感，才使得个

25

人不游离于集体之外，维系着人的社会性。

任何一个国家、社会或组织，其法律、制度、纪律和条例等，所进行的思想教育活动，都是规范其成员行为，调节其相互关系的，并使其承担应有的社会责任。人类社会之所以能够形成并得以发展，一个重要的前提和条件就是人与人之间彼此承担着一定的社会责任。

社会责任意识是个人素质的核心内容

个人素质主要包括以下几个层面：从政治层面上讲，主要是指具有马克思主义的立场、共产主义理想和建设中国特色社会主义的共同理想信念；从道德层面上讲，主要是指具有较高的道德修养和道德境界；从实践层面上讲，主要是指能为人民服务，能以国家利益与集体利益为重，能自觉为国家与社会做贡献。三者的结合统一，才是较高素质的体现。在这三个层面的内容中，责任起着基础性的作用。

一个人如果只有空洞的理论，但没有为他人、国家和社会进步做贡献的责任心，那他只能陷入教条主义和形式主义的泥坑而不能自拔；道德与责任也是紧密联系在一起的，离开社会责任谈道德，不会具有任何实际意义。从这个意义上讲，政治立场的坚定、思想觉悟和道德境界的提高，都必须落实到责任心上，社会责任在人的素质诸要素中承担着载体与依托的作用，是个人最基本的素质。

社会责任意识是衡量个人素质高低的重要尺度

每个社会成员在社会上都扮演着一定的社会角色，承担着不同的社会责任。由于社会分工的不同，以及经济发展水平与文化素养方面的差异，他们的素质会有很大的不同。个人素质的高低、个人价值与尊严的实现只有经由他人及社会才能验证与体现。

江泽民同志在庆祝北京大学建校 100 周年大会上的讲话中指出：

"个人的抱负不可能孤立地实现，只有把它同时代和人民的要求紧密结合起来，用自己的知识和本领为祖国为人民服务，才能使自身价值得到充分实现。如果脱离时代，脱离人民必将一事无成。"一个人只有在履行责任的过程中，才能体现自己的价值。履行职责的标准越高，其人生的价值也就越高。

社会责任意识是促进人全面发展的重要动力

促进人的全面发展，是社会主义社会的本质要求，也是全面建设小康社会的一个重要目标。责任意识在提高人的素质、促进人的成长和全面发展方面具有重要的激励与推动作用。一个自然人要成长为对社会有用的人、全面发展的人，离不开责任意识的推动。

从小受到良好责任教育并具有强烈社会责任意识的人，就会有强烈的成才意识，进而化为学习和工作的动力，使自己的思想政治素质等各方面的素质很快提高，成为对社会有用的人，为社会做出较大的贡献。相反，没有责任意识的人，只会关心和追求个人的利益，斤斤计较个人的得失，把个人对国家、对社会的应尽责任，当作是对个人发展的桎梏和约束，不思报效国家，只想个人享受。

这样的人，不会对社会有多大的贡献，反而会被社会所唾弃。可见，只有对社会、集体的高度责任感，才能给人战胜困难的勇气与智慧，促进自身思想政治素质和各方面素质的提高，成为全面发展的人。

6. 学生公民意识的培养

在新课改实行的过程中，由于受应试教育的影响，许多教师在教学过程中，仍然是分数至上，把知识传授放在第一位，而把培养学生的公民意识放在了次要的位置。甚至有老师说现在课时这么紧，没有时间培养学生的公民意识。针对此现象，笔者进行了一定的思考与探索，认为高中政治课教学必须要培养学生的公民意识，而且政治课知识目标的实现与公民意识的培养并不冲突，二者可以统一起来。

普通高中《思想政治课程标准（实验）》明确提出，要把"公民意识"培养作为新课改的一个重要目标。然而，在新课改实行的过程中，由于受应试教育的影响，许多教师在教学过程中，仍然以分数至上，把知识灌输作为授课的主要目标，而把培养学生的公民意识放在了次要的位置。

甚至有老师说现在课时这么紧，光把课本知识讲完已经不错了，哪有时间培养学生的公民意识啊！那么，到底要不要培养学生的公民意识？思想政治课知识学习和公民意识的培养有没有冲突？带着这些困惑，本人对学生公民意识的培养进行了一定的探索与实践。

公民和公民意识概念的界定

公民，就是指具有本国国籍，依据宪法或法律规定，享有权利和承担义务的自然人，它是相对于不具有本国国籍的外国人而言。而所谓的公民意识，则是指公民自觉地以宪法和法律规定的基本权利和义务为核心内容，以自己在国家政治生活和社会生活中的主体地位为思想来源，把国家主人的责任感、使命感和权利义务观融为一体的自我认识。它强调的是人在社会生活中的责任意识、公德意识、民主意识等基本道德意识。

进行公民意识培养的必要性

（1）高中政治新课程传递出要重视公民意识培养的信息。

在2006年前，浙江实行的是旧课程教学。旧课程政治课本分为经济常识、政治常识、哲学常识，课本内容逻辑体系强，但偏重理论讲解，对学生的参与感、责任感、权利与义务等要求不高。2006年秋季，新课程开始在浙江省实施，新课程改变了老课程的模块划分及命名。

新课程把每个模块的名称从"xx常识"改为"xx生活"，并且在新课标中明确指出：要引导学生关注社会发展，积极参加社会实践，增强社会责任感和民主法制观念，培养公民意识。可见，公民意识培养已经越来越受到国家和社会的关注。

（2）从新高考看，试题彰显公民意识培养的重要性。

普通高中《思想政治课程标准（实验）》是高考试题的总纲，总纲中明确要求政治教师在教学中要注重对学生公民意识的培养，因此，新课改以来，高考试题越来越注重对公民意识的考查。以2008、2009年试题为例，2008年全国卷1中的政府征集立法建议、民族区域自治制度，2009年中的索要发票、规范摊贩经营等都直接考到了公民意识。与此同时，广东卷、宁夏卷、江苏卷、浙江卷、山东卷、上海卷等也都深刻反映了新课改这一价值取向，彰显了公民意识培养的重要性。

（3）从学生现状来看，公民意识比较欠缺或淡薄。

随着社会的发展和进步，目前高中生具有一定的民主意识和法制意识。但是不少青少年学生由于是独生子女，在家里被宠坏了，形成了重权利、轻义务，缺乏社会责任感的不良习性。

例如：在汶川地震发生后，我校发起自愿向灾区捐款的行动，有些学生表现非常冷漠，觉得汶川地震与自己一点关系都没有，抗震救灾那是国家的事情。我们常说，学生是国家的未来，可是，现在的学生中间还有不少人缺乏起码的公民意识。

（4）从教师的职责看，培养学生公民意识义不容辞。

针对经济发展和科技进步同时出现的青少年道德滑坡、精神价值贬值等全球现象，青少年公民意识的培养成了世界各国教育共同关注的课题。美国、日本、韩国、新加坡等不少国家在面向21世纪的教育报告中，都把公民意识的培养提到了议事日程。

在我国经济发展的过程中，我国也出现了青少年公民意识薄弱的问题。作为肩负德育重任的政治教师，在政治教学中，注重对学生公民意识的培养是义不容辞的责任。

7. 学生社会权利意识的培养

伴随着社会主义民主与法制的进一步发展，社会主义市场经济体制的建立和完善，公民权利意识普遍提高，尤其是青年学生的权利意识被唤醒，其重要标志是自我意识觉醒。然而当前青年学生权利意识状况并非令人乐观。

当代青年学生权利意识特点

当代青年学生权利意识，由于受社会主义市场经济的制约、中国传统文化后继性影响以及西方资产阶级思想的侵袭，呈现出以下特点：

（1）权利的欲望与权利的认知不协调。

即盲目从众，权利认知模糊。自从改革开放和确立社会主义市场经济体制以来，青年学生权利意识明显增强，日益重视个人利益，有强烈的平等权利愿望。然而对自己应该和实际享有权利和自由的了解和认知十分模糊，支离破碎，甚至表现出对权利的陌生。

权利意识很大程度来自从众心理，人云亦云。他们谈论人权，却不知道人权与自己实际生活的关系如何？他们渴望权利，却不知道自己的权利有多少；他们要捍卫自己的权利，却不知道自己的权利是否被侵犯。

（2）权利意识与义务意识的不协调

即强调权利、价值，忽视义务、责任。当代青年学生确立了权利观念、价值观念之后，却忽视了履行义务、承担责任。他们强烈要求获得个人的政治权利、社会权利，却极力回避个人对社会应尽的义务、责任。他们要求国家、社会、他人为其实现权利和自身价值提供条件和加以保障，而在行使权力、实现价值的过程中，却不考虑是否侵害他人的利益，是否对国家、社会、他人造成危害。

（3）对权力与权利的价值取向的不协调。

即重"权力"轻"权利"。当代青年学生受传统的法律意识影响，权力观念仍十分深重。一方面对现实生活中的"权力事实"极为敏感、向往，甚至不择手段去追求；另一方面又表现出对权利的轻视，淡漠。一方面对权力者的侵权行为深表不满、痛恨，疾呼权力者的权力要加以制约；另一方面当自己的权利受到侵害时，却又不习惯运用法律手段来解决，而寄希望于某些权力的作用。

权利意识呈现出多种层次，权利意识水平参差不齐。从青年学生个体来看，表现为既有推进社会进步的权利观，又有不适应社会发展的落后的权利观，既有社会主义的权利观，又有封建的资本主义的权利观。

从青年学生群体来看，权利意识呈现出三个不同层次：第一层次，对公民的权利积极探索和理解，对宪法和法律所确立的一系列法定权利和义务有科学和系统的认知。第二层次，对权利持有积极心理状态，反映出对权利的认知、感觉、情绪和愿望。但缺乏对宪法和法律所确定的权利、义务的科学和系统的认知，表现出片面强调权利而忽视或贬低义务。第三层次，对权利持消极心理状态，由于个人认识的局限和社会环境的影响，使这些学生对权利表现出淡漠情绪和消极态度。

当代青年学生权利意识弱化的原因

任何一种社会现象，都是一定物质、精神因素的反映。当代青年学生权利意识的弱化和偏差，有着深刻的历史和现实原因。

（1）受传统文化观念的影响。

中国经历了两千多年的封建专制社会，这种社会的政治体制决定了君主既是权力的所有者，又是权力的行使者，"君权神授"为其权力的垄断戴上正义的光环。唯有权力的恣意妄为、纵横驰骋，没有权利的栖息之地。人们的行为及行为评价，必须无条件服从权力。

人们不能以独立的权利主体地位立足于社会。个人的权利被无情的扼制、剥夺、抹杀，个人的价值微不足道。新中国成立后，由于人们对权利及权利赖以存在的社会结构的疏忽，导致权力决定一切的专制行为至今仍未消除。这种久积的专制遗风仍影响着人们敬畏权力、屈从权力、崇拜权力，而淡漠了权利。这种权力观念在青年学生身上也有突出表现。

如有人说："朝里无人难办事"、"有权能使鬼推磨"、"满腹经纶，不如跪靠衙门"。还有的认为青年学生光有良好的知识技能素质不够，还必须学会一套能应用自如的"奉迎术"，否则事业难成。更有甚者，只热衷于投机钻营、巴结讨好权贵之类的技能训练，而忽视自己思想道德修养和文化素质的提高。

（2）西方极端个人主义观念的侵袭。

西方极端个人主义的要害，就是只要求享有自己的权利而拒绝履行自己的义务，只向社会索取，不向社会奉献。近几年来，随着改革开放和市场经济的发展，在竞争意识、功利意识的冲击下，唤醒了在人们心中压抑已久的正当的物质利益要求，使人们敢于正视和追求正当的个人利益，个人利益从此获得合法地位。

与此同时，一部分青年学生在西方极端个人主义观念侵袭和影响下，迷失方向，从一个极端走向另一个极端。如见利忘义，唯利是图，等等。某省属大学对二年级学生的一项调查中，回答"如果国家、集体的利益与个人利益相冲突，你首先选择前者还是后者？"的问题时，令人吃惊的是选择后者的学生比例竟有一成之多。这不得不令人深思。

（3）民主与法制不健全。

现代公民的权利意识，必须以民主与法制的健全为前提。民主与法制是一个国家民主政治不可分割的两个方面，犹如一把双刃剑。法制的性质取决于民主的性质，而法制的程度也与民主的程度相匹配；法制体现着民主的内容，又保障着民主的实施。

民主被破坏时，必然是法制遭到践踏的时候，而民主得到充分发扬的时候，必然是法制得到加强的时候。然而目前我国的民主与法制还不够健全，人民还不能真正依照法定程序把自己真正信任的人选进国家机关充当公仆，也还不能依照法定程序撤换不称职的公务人员，公民的选举权和被选举权，常常流于形式。

由于我国经济发展迅速，社会结构和社会关系变化急剧，民主与法制建设还不能及时满足社会需要。一方面，许多法定权利不被人们了解和认识，另一方面，法制建设滞后，跟不上社会发展的需要。尤其是民主与法律实施过程中出现贯彻不力的问题。这些负面效应给青年学生带来了不良的心理影响，表现为对民主与法制信心不足。如对选举权和被选举权普遍持冷漠态度。

在某校一项调查中，青年学生对个人十项权利重要性的排序，选举权列为第六位。而笔者在一项调查中，对于"不论一个人的官怎样当上的，只要他们能够为老百姓办事，就拥护他"的说法怎样看？同意的和十分同意的占*60%*，反对的占*28%*，说不清的占*12%*。可见青年学生对于自己的选举权等政治权利反映冷漠，普遍不重视。

当问及对"我国法律不管用"这一说法如何看时，认为很有道理的占*15%*，有一定道理的占*58%*，没有道理的占*27%*。笔者在教学中了解到，青年学生对我国的基本法如宪法、刑法、民法、诉讼法等知之甚少，甚至很陌生。当问到对最能体现保护公民的合法权利的《行政诉讼法》知否时，竟然全班只有*15%*的学生略知一二。由于这种法律认识水平低下，不仅导致青年学生不懂得运用法律武器维护自己的权利，同时也不能很好依法办事，有的甚至走向违法犯罪的道路。

培育当代青年学生权利意识的意义

权利意识是特定社会的成员对自我利益和自由的认知，以及对他人主张、要求和维护权利的行为及观点的社会评价。权利意识作为一种社会意识，对于社会的进步和发展起重要作用。而一个美好、合理的现代社会，不仅应是经济高度发展的社会，而且应是个人权利得到良好保护的社会，还是最大限度引导、启发和满足权利意识的社会。当前对青年学生进行权利意识的培养和教育具有以下重要意义：

（1）这是市场经济自身运行和发展规律的要求。

社会主义市场经济是以价值增值为天性，以市场配置社会资源的经济体制。它客观上要求经济主体具有独立的自主权和独立的权利、自由，并能得以充分的展开和实现。可以这么说，市场经济就是权利经济。

因此，要使市场经济发达起来，最大限度地释放出经济活力，不仅需要完备的法制以保障经济主体的权利、自由，更需要对主体权利意识进行培养和提高。青年学生权利意识的培养和教育与市场经济密切相关，他们的权利意识状况如何，在一定程度上将影响我国今后市场经济的发展进程。

（2）这是健全社会主义法制的必然要求。

社会主义法制建设，是在一定法律意识的支配下进行的。任何一个国家的法制建设，都要通过一定法律意识的培养和教育，为其奠定坚固的思想基础，否则其法制只能是空中楼阁。法律意识的培养和教育应将权利意识的树立放在首位。因为权利是法律机体的细胞，是法律大厦的基本构件，法的领域都为它所穿透和吸引。

可以这样说，认识了权利也就认识了法，有了权利意识，也就有了法律意识。因而权利意识不仅是我国法制建设的思想条件，而且也是我国法制建设的重要内容。青年学生权利意识的增强与完善，对于改善整个社会的法制氛围，提高整个国家的政治思想水平都是至关重要的。

（3）这是青年学生自身全面素质提高的内在要求。

"素质教育"是当今教育界的热点问题。素质教育是依据人的发展和社会发展的实际需要，以全面提高全体学生的基本素质为根本目的，尊重学生主体和主动精神，注重开发人的智慧潜能，注重形成人的健全的个性为根本特征的教育。它包括人的思想素质教育、文化素质教育、身体素质教育和心理素质教育等。

素质教育的过程，也可以说是潜能的挖掘过程、个性的培养过程。既培养学生具有综合的知识结构和智能结构，又培养学生包括理想、道德、情操、人格、文明在内的精神品质。

权利意识教育是素质教育系统中的一个子系统，它不仅有利于青年学生主体意识的增强，维护个人的尊严，增强自觉性、自主性、自创性，而且有利于培养学生的政治责任感和社会责任感。

8. 如何加强学生的社会公德教育

当代大学生社会公德意识缺失的主要原因

改革开放以来，中国的经济发展突飞猛进，而精神文明建设却相对滞后，出现了"一手比较硬，一手比较软"的现象。针对这种状况，邓小平提出了"两手抓，两手都要硬"的战略思想。而思想道德建设是精神文明建设的重要内容，当代大学生是肩负国家前途和社会发展任务的重要力量团队，因而大学生的社会公德教育是不容忽视的一项重要的人格教育。

德国大诗人但丁说过："道德常常能填补智慧的缺陷，而智慧却永远填补不了道德的缺陷。"对于当代大学生来讲，只注重文化知识的学习而忽略思想道德建设，并不能成为社会所需要的人。当前，大学生社会公德意识缺失的主要原因有以下几方面：

（1）社会环境的负面影响。

整个社会尚未形成优秀的社会公德氛围和遵守社会公德的习惯，尚未建立完善的社会公德体系。大学生是一个最敏感和富有活力的社会群体，同时思想又未完全成熟，社会上的不良风气会迅速感染他们。有些大学生价值主体唯我化、价值取向世俗化、价值评价利己化，社会公德意识淡化，社会公德作为一种精神力量对大学生的行为约束力也相应弱化了。

（2）学校教育的缺陷。

由于中国应试教育体制的影响，整个社会和学校往往更多地关注学生成绩的好坏，并以此来评价学生素质，造成了偏重知识传授忽略学生社会公德教育的现象。

同时，高校德育教育也存在缺陷，呆板单调，缺乏理论创新。在社会环境以及网络传媒文化的多层次多视角情况下，不能针对社会新现象的产生以一种学生乐于接受的方式去因材施教、因势施教，照本宣科式的说教方式和理论重复导致学生产生逆反心理，甚至由于"重理论、轻实践"的空泛说教而导致"知行相悖"。

（3）家庭教育的缺失。

大学生的社会公德教育环节中，家庭教育起着不可替代的作用。当前在校大学生大多数是独生子女，在家庭中处于"核心"地位，家长对孩子的溺爱娇宠对孩子的德育教育也是一种不良影响。

此外，许多家长只注重孩子的学习成绩、只关心孩子的日常生活，忽视孩子的社会公德教育，普遍存在重智力轻德育的倾向。也有许多家长担心孩子在外面吃亏，灌输孩子一些违背社会公德的思想，无形中给子女带来了一种负面的示范作用。以上种种，使得孩子以自我为中心，不懂得尊重别人，同时缺乏责任感。

（4）网络文化对社会公德的冲击。

网络虚拟的交往环境削弱了传统的伦理道德，网络信息良莠不齐、五花八门，加之网络文化的虚拟性和随意性，削弱了社会公德外在的约束功能，使得大学生很容易迷失自我。另一方面，网络价值观模糊、淡化甚至混淆了全体公民在社会交往和公共生活中共同遵循的行为准则。"诚实守信、文明礼貌"等属于社会公德的内容认同感降低，甚至扭曲，这种意识层面的东西渗透到行为中就形成了有些大学生无视社会公德的现象。

加强大学生社会公德教育的对策

（1）优化社会环境，形成良好的社会公德氛围。

随着《公民道德建设实施纲要》的颁布，把公民道德建设作为全面建设小康社会的重要环节，收到了一定效果。建立合理、公正的奖惩制度，对形成良好社会公德氛围具有促进作用。要充分发挥报刊、杂志、电视、广播、网络等媒体的作用，宣传、弘扬高尚的社会公德，鞭挞社会丑恶现象。同时，要建立并灌输一种全社会认可的公德观念。

古人云："仓廪实则知礼节，衣食足则知荣辱。"这是相对道德建设的总体趋势而言的，道德建设应以"仓廪实"、"衣食足"做基础，但是，道德就其主体部分而言，是不会随着经济的发展自然而然提高的，必须从外部灌输，加强教育。

德国前总理施密特写的《在寻找公共道德的道路上》一书指出："德国人需要很长时间，从小学到大学的教育中，灌输一种全社会都认可的道德观，这个看法值得我们思考。"

（2）改革、创新社会公德教育的内容和方法。

要改进传统的只"教"不"育"的做法，把理论灌输和社会实践结合起来，建立一套科学的思想道德教育内容和目标体系。首先要加强诚信教育，形成诚信的道德文化。

其次要加强大学生心理健康教育，形成良好的社会公德认知及行为习惯。此外，要积极开展有益的公益活动，同时引导学生参加诸如"青年志愿者协会"、"环保协会"等公益组织，使学生能在实践中形成健康的道德人格，从而提升社会公德意识。

（3）不断提高教育者整体素质。

教师要走近学生、接纳学生，良好的师生关系可以提高教育的可接受性。目前高校的德育教育主要靠德育教师、辅导员和班主任来实施，有些教育工作者喜欢用行政权力来约束和规范学生的行为，而强制性的约束对社会公德教育效果并不好。

相反，能真正融入学生并具有良好涵养和学识水平的教师才更有利于调动学生的积极性。教师以正确的思想引导学生、以健全的人格魅力影响学生、以创新的教学方式传授学生、以高度的责任感关心学生，才更有利于学生形成良好的道德品质和行为规范。

（4）加强校园文化建设，形成优良的校风。

校园文化建设的核心是精神文化建设，形成优良的校风是精神文化建设的关键环节。优良的校风对于大学生社会公德意识的培养具有直接的影响和促进作用，可以陶冶大学生的情操，开启他们的智慧，有效地规范他们的行动，促使他们形成正确的价值观和世界观，从而形成良好的公德观念和自我约束力。

（5）要坚持理论与实践相结合的基本原则。

"读万卷书、行万里路"一直是中国古人的一种求知模式，亦是古人自我修养的途径。在课堂上，大学生不仅学习专业理论知识，同时要接受传统的思想政治理论教育，学习如何做人和成人。

但是，传统的道德教化和社会现实存在着不和谐的局面，学生在懵懵懂懂中就会迷失分析社会问题的方向，产生偏激的观点和看法。恩格斯指出："人们自觉地或不自觉地，归根到底总是从他们阶级地位所依据的实际关系中，即从他们进行生产和交换的经济关系中，获得自己的伦理观念。"

这段话，精辟地道出了当前我国经济建设过程中经济发展与道德失范、诚信缺失的矛盾关系。因此，我们要积极组织和鼓励学生接触社会，引导大学生客观分析社会转型过程中遇到的各种社会问题，认清人类社会发展的本质过程，从而形成科学的价值观和正确的道德观，为构建和谐社会贡献一己之力。

（6）应把握德、智等五方面的相互渗透、和谐发展。

在德育资源上，整合适应道德价值多元发展的"四个一"的新内容，即一个核心"为人民服务"、一个原则"集体主义"、一个基本要求"五爱"（爱祖国、爱人民、爱劳动、爱科学、爱社会主义），以及一个着力点"三德"（社会公德、职业道德、家庭美德）。

在德育过程上，建构家庭、学校、社会为一体的终身教育机制；在德育途径上，强调大学生社会公德教育的针对性与实效性的有效结合，教育与自我教育的有效结合，外部约束与道德内化的有效结合。

从实际出发，针对不同类型、不同层次的个体差异，从普遍要求到大学生个体品德发展水平的不同要求上体现层次性，使每个大学生从不同的起点经过努力达到更高的层次，从而保证大学生的社会公德教育在各个环节持续发展，才能优化组合高校的各种道德教育资源，提高大学生社会公德教育的整体效果。

（7）要培养大学生的爱心意识。

孟子曾说："老吾老以及人之老，幼吾幼以及人之幼。"意指人要带着强烈的爱心去关爱社会，关心他人。因此，在当前的大学生社会公德教育过程中，我们既要让大学生形成强烈的博爱意识，又要培养大学生自尊自爱的人格。

这样，才能在多元化的社会中不迷失方向，才能和构建和谐社会的主题紧密结合。我们应该在社会实践过程中鼓励大学生积极关心和帮助他人，培养团队合作精神，美化自然、关心人类的可持续发展问题，关爱社会的弱势群体，形成人与人、人与自然、人与社会的和谐统一发展。

从总体上看，当代大学生有较强的社会公德观念，并能在行为层面有所践行。但也有部分大学生对社会公德缺乏应有的认识，认为社会公德是无关大局的小节、小德，甚至有与社会公德相悖的行为。

当代大学生作为肩负推动社会发展使命的重要群体，每个人都应以高度的社会责任感从自己做起，从现在做起，"勿以善小而不为，勿以恶小而为之"，自觉地以社会公德规范自己、约束自己，从而推动精神文明的发展和社会的全面进步。

9. 怎样指导学生参加社会实践

加强学生思维方式和价值取向等的引导

现代的社会是一个高速发展的社会，青少年学生置身于复杂多变、正面教育和负面影响并存的社会大环境之中，学校教育与学生认识社会的二律背反现象给他们的思维方式、价值取向、行为模式带来冲击和困惑，需要给以正确和积极的引导，需要改变封闭的、灌输式的教育方式，把学校课堂的教育和社会大课堂教育有机结合起来。

中国几千年来"闭门读书"的模式早已打破，所以建议首先要构建开放性社会化的德育体系，在内容的安排方面，中学可以从以下几个方面着手：

（1）课余、双休日以团、队志愿者服务队为单位，走向社会，开展为民服务，公益劳动、卫生宣传、敬老助残等活动。

（2）寒暑假期间，打破班级建制，以家居所在地划分区域，成立临时团支部，组成社会实践活动小组，开展社区服务、爱心家教等活动；组织部分学生深入内地贫困地区进行社会考察；组织高年级学生到街道、居委会挂职锻炼。以获得对社会实际真实体验,开展专题调研,撰写调查报告。

（3）作为必修课的社会实践,包括:高一新生军训;高二学生学农活动;每学期20课时的爱校劳动。大学学生在校四年期间,应依据年级、专业的不同,有计划分步骤地组织学生参加多种形式、不同内容的社会实践活动,实行系列教学与社会实践教育。

一年级学生主要参加军训和社会调查等活动,二年级学生主要参加教学实习和社会公益劳动,三年级学生主要参加生产实习和社会科技服务等活动,四年级学生应结合毕业设计、论文答辩、深入工矿企业,开展与专业密切相关的社会调查和社会实践活动。

参加社会实践是学生的必修课

自1987年国家教委工作会议后,中学生的社会实践已列入学生的必修课。高中毕业生凡未参加社会实践或社会实践不合格者,不能报考普通高校。大学学生的社会实践也逐渐纳入教育计划,进行考核,并给予相应的学分和记入学生总分。为此,建议上级教育部门把大、中学学生的社会实践纳入课程论研究的范畴,研究军训、农村社会实践、社会考察各应安排在什么阶段、多少时间为宜。

因此,必须组织班子,根据大、中学学生的生理、心理特点,根据大、中学学生的能力、文化水平,根据大、中学学生的《德育大纲》要求,制定出一整套较为科学的、合理的、系统的、循序渐进的有关军训、农村社会实践、社会考察的目的、要求、内容、实施步骤、考核与鉴定办法。

充分运用青少年教育基地的教育资源

要充分运用青少年教育基地的教育资源对大、中学生进行教育,使其真正成为青少年学生学习、锻炼、提高的社会大课堂,利用基地进行教育活动,是教育的有机组成部分,是全面落实素质教育的重要途径。从这一点讲，青少年教育基地的开发和建设，具有更加积极的现实意义。

学校教育是素质教育的主战场和主渠道，其意义和作用是毋容置疑的。但学校教育在内容、机制、运作方式、时间空间等方面，也存在一定的缺陷，例如由于学校环境的过于规范，可能限制了一些学生的创造性；再如学校教材由于受到大纲和考试机制的制约，使学生的学习行为和思维习惯受到约束，或者个人的兴趣爱好不能自然地得到发展等。

而校外的教育基地弥补了学校教育的这些不足，使学生在得到规范的学校教育的同时，也很好地接受到社会的教育并在自然的社会环境中更加全面地发展。各种教育基地的规模、种类、功能、资源既有区别又有各自特点，其教育内容更为丰富多样，可以涵盖人文、历史、科技、艺术等各个方面的知识，内容比较切合学生的实际需要。

其形式更加生动，可以进行参观、考察、访问、调查、科研、劳动、军训等，活动形式可大可小，活动方法也比较灵活、富于变化，符合学生的年龄特征和身心发展规律；其为学生提供的时空更加宽松，没有统一的教材、没有统一的考试、没有硬性的规定和约束，有的是自由发挥的空间，他们能有更大的可能去张扬个性、动手操作、展示才华。

其面对的学生更加具体和直接，基地的教育更强调面向全体学生，面向每一个学生，强调学生的个性，使每一个到基地活动的学生都能寻找到自己的兴趣点，并在亲自参与的过程中发挥出他们的主体潜能。基地教育和学校教育相互呼应、密切相关，共同构成大教育的整体框架。

大、中学在青少年教育基地的运用衔接可由基地的"共建共育"领导小组出面筹划，统一考虑。"共建共育"小组是由学校（小、中、大学校）和基地人员共同组成。

加强学生社会实践活动的考核和鉴定

实际调查表明，目前大、中学学生的社会实践活动只求人人参加，基本上无优劣、好坏之分。为此建议制订严格的考核和鉴定办法；实行定性与定量相结合，自我考核与组织考核相结合，从学生参加社会实践的次数、态度、能力培养、收获等方面进行综合考核。

建议中学的考核主要由学生自评、互评、老师总评三部分组成，而大学的社会实践考评可由领导小组从时间、内容、成果三个部分由学生自评、互评后记入学生成绩档案作为评奖的依据。

加强大、中学校社会实践工作衔接的管理

中学的学生社会实践目前主要是由市、区教育行政部门制定目标、要求、形式和考评等规章制度，由学校分管校长和政工教导具体负责管理方面的操作，教导处负责档案材料的管理。大专院校的学生社会实践工作主要由教务处负责协调实施，利用寒暑假及其他节假日、课外时间进行，由校学生工作处和团委负责组织实施。每学期教务处、学生工作处和团委均应研究每学期社会实践活动计划，并注意相互配合与协调工作。

大专院校的学生参加社会实践活动，必须有教师指导，指导教师应认真审核学生的社会实践报告或论文，写出评语，对于指导学生参加社会实践活动的教师计教学工作量，对于做出成绩的教师给予表彰，学生在社会实践活动中的表现要记入《社会实践成绩考核表》，并折合学分记入学生的成绩档案中。

10. 培育学生社会责任意识的方法

社会责任意识的培育贯穿思想道德建设的全过程

党的十六大报告在谈到加强思想道德建设时指出："以为人民服

务为核心、以集体主义为原则、以诚实守信为重点，加强社会公德、职业道德和家庭美德教育"，这些新时期思想道德建设的重点内容，都包含有培育社会责任意识的内涵。社会责任意识的培育是思想道德建设的一项重要内容，贯穿思想道德建设的方方面面。

（1）培育社会责任意识是为人民服务教育的基本要求。

为人民服务是社会主义道德区别和优越于其他社会形态道德的根本标志。它不仅是对共产党员和领导干部的要求，也是对广大人民群众的要求，它既有先进性要求的一面，又有广泛性要求的一面。每个公民不论社会分工如何，能力大小，都应在自己的工作岗位上，通过不同形式奉献社会，服务人民。

为人民服务不仅有丰富的内涵，而且在社会生活中有着多种表现形式：在经济关系中，表现为互利互助、顾全大局、诚实守信、扶困济贫；在政治关系中，表现为人民当家作主，参与社会政治生活，促进社会生活民主化；在个人与社会、个人与他人的关系上，表现为人人都是服务对象，人人又都为他人服务，表现为社会对个人的尊重与关心，以及人与人之间的和谐关系。

为此社会责任是为人民服务的一种基本体现，社会责任意识的培育是为人民服务教育的基本要求。在思想道德建设中，教育学生站在全体人民的立场上思考社会生活中的是非问题，引导他们正确处理个人与社会、竞争与协作的关系，教导他们要尊重人、理解人、关心人，增强学生的社会责任意识，构成为人民服务教育的基本内容。

（2）培育社会责任意识是集体主义教育的重要内容。

个人利益服从集体利益与国家利益是集体主义的本质要求，也是责任意识教育的重要体现。近年来，由于种种原因，有一些人突出强调个人利益，而淡化集体利益与国家利益，把集体主义看成是

"个性发展的障碍"，认为"发展市场经济，就要有以个人为单位的价值观"等等，有些人的价值观也呈现出价值主体自我化的倾向，如果这种思想蔓延，就会导致人们对个人私利更加强烈地追求，使社会责任意识丧失殆尽。

在思想道德建设中，加强集体主义教育，就是引导学生正确处理个人与社会的关系，找到自己在社会中的正确位置，把国家利益、集体利益与个人利益有机结合起来。另一方面，个人只有对社会责任的认知，才能摆正个人与集体的关系，既能维护自身的正当利益，又能把自我选择与社会的需要有机结合起来，坚持集体主义的价值取向。

（3）培育社会责任意识是诚实守信教育的本质体现。

诚实守信是一个古老的话题，在社会主义市场经济条件下，诚信观念已不仅是处理个人与个人之间关系的准则，而是处理个人与社会间相互关系的基本规范和必然要求。

诚实守信的一个内在要求就是负责，既要对自己负责，又要对他人和社会负责。从这个意义上讲，社会责任意识的培育是诚信教育的一个重要基础，也是诚实守信教育的本质所在。

（4）培育社会责任意识是"三德"教育的逻辑起点。

"三德"即社会公德、职业道德和家庭美德。社会公德是社会整体利益的体现，人的活动影响着社会秩序、社会公益，涉及到其他社会成员的利益和生活方式。

因此，社会公德的教育离不开社会责任意识的培育；职业是一种社会分工和劳动分工的表现，也是个人与社会相互关系的具体表现。对职业的奉献是人对社会做贡献最直接、最经常的形式，社会责任意识也通常以对职业的态度表现出来。

随着现代社会分工的发展和专业化程度的加强，市场竞争日趋激烈，社会对从业人员的职业道德要求也越来越高。一个人只有以诚实奉献的态度对待本职工作，才能以更好的技能服务社会；家庭美德是处理家庭成员之间关系的道德准则，是社会责任的最底层的表现。所以，社会公德、职业道德和家庭美德的教育都贯穿着培育社会责任意识的内容。

培育社会责任意识的途径和方法

在我国社会主义现代化建设的进程中，由于市场经济的负面影响和一些腐朽思想的侵蚀，政治生活领域中的贪污腐败、玩忽职守，经济生活领域中的假冒伪劣、尔虞我诈，社会生活领域中的缺乏关爱、人情淡薄等等，更加突出了培育社会责任意识的重要性和紧迫性。我们必须把社会责任意识的培育作为当前思想道德建设工作的重要任务切实抓紧抓好。

（1）培育社会责任意识，要营造一个良好的氛围。

全社会要充分认识社会责任意识教育的重要意义，认识到培育社会责任意识的极端重要性和紧迫性。政府、家庭、社会各级单位和组织要紧密配合，形成重视责任培养的社会氛围。家庭是社会的细胞，要突出良好行为和习惯的培养。

社会教育要以各级党团队组织为主导，组织开展各种有益的活动，同时还要充分发挥大众传媒的优势，弘扬时代主旋律，使人们在团结、奋进、和睦、友爱的社会氛围中受到熏陶，增强社会责任意识。

（2）培育社会责任意识，要突出学校的责任教育。

学校的责任教育是培育社会责任意识的重要途径。改革开放以来，各级各类学校的思想政治工作在培养人才方面发挥了重要的作用。学校面向经济建设主战场，一方面适应了经济发展的需求和社会发展的需要，但是在另一方面，无形中也培养了学生的功利思想，什么有用就学什么成为学生的重要价值取向。

此外，学校的思想品德教育存在重视理想教育而轻视责任教育的倾向，也缺乏对责任教育基本理论的研究与探索。世界各国都把社会责任意识的培育作为学校教育的重要内容。1998 年在巴黎召开的首届世界高等教育大会上提出了"高等教育首先要培养高素质的毕业生和负责的公民"。

所以，我们必须高度重视学校的责任教育，把社会责任意识的培育纳入学校思想政治工作的全过程。采用社会实践、举办活动、加强教育等多种方式，培养学生的责任意识，使他们在步入社会后，能够自觉地承担自己的社会责任，履行自己的社会义务，为社会做出应有的贡献。

（3）培育社会责任意识，要注重用理想信念去提升。

对于一个社会来说，有了共同的理想信念，才能凝聚人心、激发动力，使一个国家，一个民族呈现出一种团结奋进的趋势。邓小平同志指出："为什么我们过去能在非常困难的情况下奋斗出来，战胜千难万险使革命胜利呢？就是因为我们有理想，有马克思主义信念，有共产主义信念。"

革命胜利离不开理想，改革开放更不能丢掉理想，发展社会主义市场经济同样是这样。"现在我们搞经济改革，仍然要坚持社会主义道路，坚持共产主义的远大理想，年轻一代尤其要懂得这一点。"理想和信念无论过去、现在和将来，都是我们的真正优势。建立和发展社会主义市场经济为人们实现自己的人生理想创造了坚实的物质条件。

在新的历史条件下，我们应根据时代的发展变化，采取更加有效的措施和形式，大力宣传共产主义的理想和信念，引导人们树立正确的世界观、人生观、价值观，把实现共产主义的远大理想自觉融入全面建设小康社会、开创建设中国特色社会主义新局面的伟大事业中。一个人也只有具备了这种共同的理想和信念，才能自觉奉献社会，产生强烈的社会责任感，为社会做出更大的贡献。

11. 培养学生具有公民意识的方法

加强中学生公民意识教育的对策

（1）加强学生自治，增强中学生公民意识。

民主政治的要义是公民平等而普遍地参与决策。中学生通过参加班干部竞选、班级管理等活动，能加深对民主运行规则的理解，培养民主素养，同时，让学生积极参与相关管理，行使其作为被管理者的权利，而非绝对地被动地服从学校和班级制定的制度，这也有利于培养学生正确的权利义务意识。

（2）中学生公民意识教育要与社会实践活动结合起来。

"纸上得来终觉浅，绝知此事要躬行。"青年志愿者活动，社会调查、为特殊群体的爱心募捐等实践活动是进行公民意识教育十分有效的手段。这些活动贴近实际生活，避免了空洞枯燥的说教，其中所蕴涵的伦理准则、价值观念更是加强学生自立能力和行为训练的重要途径，有利于中学生将公民意识内化为自己自觉的行动。

（3）充分利用"隐性课程"，加强校园文化建设。

"隐性课程"一词是由美国学者杰克逊于*1968*年在《教育生活》一书中首次提出来的。他认为：学生在正式课堂上的进步并没有完全说明学校教育的结果，除了这些之外，学生还从学校生活的教育中，如升旗仪式、节日庆典、实践活动、校园文化等，获得了态度、动机、价值观和其他心理的发展。

过去，我们在教育中一直比较侧重于显性方法。这种方法有利于对学生进行正面系统的理论教育，而且容易对学习过程进行监控和评估，但学生容易产生逆反心理，或者说教育的有效性不理想，尤其是随着时代的发展和条件的变化，单纯的显性教育显然难以完成道德教育任务，因此，充分利用"隐性课程"更具有紧迫性。

校园文化对中学生公民意识的培养既有显性约束力，又具有隐性感染力，因此，我们要努力加强校园文化建设。美的事物、美的情境可使人赏心悦目，身心愉快，并自觉约束自己不合乎道德的行为。美化校园环境，开展丰富多彩的文化艺术活动，利用广播站、校报、校园网、宣传橱窗、学生刊物、学术讲座和人文讲座等校园媒体加强舆论导向均是加强校园文化建设的重要途径，能起到"随风潜入夜，润物细无声"的良好效果。

（4）中学生公民意识教育要与课堂教学结合起来。

一方面，要对中学生进行系统的公民知识教育，建立和完善公民知识体系，例如：可以在政治学科中设置专门章节进行讲解。另一方面，也可于各人文学科中渗透公民意识教育。正如火如荼开展的历史新课程改革应该说在教材中全方位地凸现了公民意识。

例如：在政治史中通过"古希腊罗马的政治制度"探讨了民主和法制的起源，通过"近代西方资本主义政治制度的确立和发展"以及"现代中国的政治建设和祖国统一"等章节阐述了民主和法制的发展。充分利用这些内容进行有效的课堂教学无疑有利于塑造中学生公民意识。

加强大学生公民意识教育的对策

对我国大学生进行公民意识教育，应根据我国的政治、经济和文化的要求，以造就"有理想、有道德、有文化、有纪律"的四有公民为目标。学校是大学生公民意识教育和培养的主阵地，是教育活动得以实施的主要场所。学生的公民知识的获得、公民意识的养成主要依赖于学校。

因此，一定要从高校中公民意识的教育环境、教育内容，以及教育者的素质等方面入手，加强大学生的公民意识教育，以达到提高大学生的公民意识的最终目的。

（1）在高校中要创建、培育和谐的公民意识环境。

高校开展公民意识教育必须改变传统教育思路和方式，超越传统狭隘的教育概念，树立新的教育理念，以便使其真正成为培育现代化建设所需的"四有"人才的场所。总的来讲，各个高校包括相关部门应该强化公民意识教育系统，在领导职能、教育和管理体制、师资队伍、资金投入以及培养氛围等方面，做更多的工作。具体应该做到以下几点：

①建设良好的校风，为大学生公民意识的提高营造氛围。校风简单的说就是学校的风气、习惯、传统，是带有一定特色的校园文化氛围。

校风是一所学校全体教职工和学生的思想道德的行为规范，它是一种规范人行为的无形的道德品质和行为准则。良好的校风，是大学生接受公民意识教育的前提，因为公民意识的形成，首先来源于对相关知识的学习，而这对于正处在世界观、人生观、价值观形成和发展时期的大学生来讲，无疑会起到积极的引导和渲染作用。

②要把公民意识教育和学校管理结合起来，健全和完善学校的管理制度。学校是大学生获得有关公民意识、知识的主要场所，学校的教育和影响对大学生公民意识发展起着重要的作用。作为学校，要认识到，教书是育人，管理同样也是为了育人。所以学校除了要注重传统教育外，还应健全并完善相关的管理制度，只有两者有机结合，才能使大学生公民意识的形成和发展得到内外并修的效果。

学校的管理制度主要体现为校纪和校规。校规校纪在学校中起到规范作用，同时它也是一种教育手段，对学生的思想及行为起着调节、约束和导向的作用。在制定和执行学校各项管理制度时，要充分考虑到怎么做才能更有利于大学生的德与行各方面素质的培养。同时还要逐步引导大学生进行自我管理，使他们在管理实践中逐渐形成自律意识，使其公民意识在自我监督、自我培养中逐步得以提高。

③建设丰富多彩的校园文化，为大学生的公民意识教育提供良好的外部条件。影响大学生公民意识发展的外在因素很多，校园文化正是这些关键因素的重中之重。

校园文化主要指以学生为主体、以校风为灵魂的"第二课堂"、社团活动、课外文体活动以及社会实践等活动，它在公民意识的发展中具有教育作用、导向作用、凝聚作用。在校园中开展有利于提高大学生公民意识的活动很多，例如，知识讲座、技能培训、文体竞赛、参观访问、社会调查、志愿者服务活动、节假日的文娱活动等。

这些活动主要由学生自己组织管理，自愿参加，提高了学生的参与意识和独立自主意识，深化了课堂知识，锻炼了学生运用知识解决问题的能力，而且使学生通过这些活动了解了社会和国情，增强了社会责任感和历史使命感。为了促进校园文化健康发展，学校一定要加强指导和引导，增强其育人的社会效应，使其真正实现大学生体验和实践公民意识的宗旨。

（2）进一步构建和完善大学生公民意识教育内容。

培养大学生具有良好公民意识是造就顺应时代发展要求的合格公民的基石。随着经济全球化的深入发展、国际政治经济格局的变化，传统意义上的思想政治教育已经不能培养出满足社会需要的新型人才。在这种情况下，我们必须构建和完善顺应时代要求、符合我国国情的公民意识教育内容。

同时，我们应该针对大学生年龄和心理特点给予正确的引导和教育。在这些特殊的条件下，鉴于当前我国的实际情况，以及大学生在公民意识方面存在的问题，对大学生实施公民意识教育就应该注重让他们树立正确的权利和义务意识，增强他们的民主和法制意识，强化其民族意识，在此基础上，进一步培育公德意识。此外，还要积极引导其确立良好的国际意识和环保意识。

（3）完善高校的德育，使其成为公民教育的主要载体。

在我国的高校中，并没有开设单独的公民意识教育课程，而是将其融入德育课中。因此，要提高大学生的公民意识水平必须提高德育的针对性和有效性。

德育是教育的一个重要组成部分，是教育者按照一定社会或阶级的要求，有目的、有计划、有组织地对受教育者施加系统的影响，把一定的社会思想和道德转化为个体的思想意识和道德品质的教育。

而高校的德育主要通过思政课来实现。高校思政课在2006年进行改革以后，主要有《思想道德修养与法律基础》、《马克思主义基本理论概论》和《毛泽东思想、邓小平理论、三个代表重要思想概论》、《中国近现代史纲要》、《形势与政策》等科目。这些课都是公民意识教育的主要载体，包含了公民意识教育的主要内容。

特别是《思想道德修养与法律基础》课，几乎涵盖了公民意识的所有内容。通过这些科目的学习使学生们更明确了自己的责任和任务以及在国家中的地位。但不可否认，很多学生虽然通过了考试，甚至拿了高分，其公民意识水平并不高，知行不一，这些情况并不在少数。深入研究，我们会发现教学观念陈旧、课程教育资源匮乏、教育方式方法死板等是导致这一现象的主要原因。

因此，要提高学生的公民意识水平，首先，一定要改变陈旧的教学观念，从社会实际和大学生的身心特点出发，分层次、分步骤的进行教育；其次，要改善课程教育资源匮乏的现象，进一步开发利用相关科目的课程资源，达到对课程进行积极有效的开发利用。

（4）提高教师的综合素质和认识水平。

作为教育活动的主导者的教师的综合素质以及其对公民意识认识情况也影响着大学生公民意识教育的进程和效果。韩愈在《师说》中说道："师者，所以传道授业解惑也。"这句话指出了作为教育者的职责，即"传道"、"授业"、"解惑"。

所谓"传道"，韩愈指的是儒家之道，也就是封建社会的道德和为统治阶级服务的政治思想教育，即"修身、齐家、治国平天下"之道。韩愈指出这是教育者首要的、也是最根本的职责。所谓"授业"指的是传授什么内容，就是让学生接受文化知识以及技能方面的教育。

所谓"解惑"就是指解答学生在"传道"和"授业"方面所遇到的疑惑。韩愈的《师说》中所指出的这三方面教师的职责并不是并行的，而是以"传道"为主，"授业"与"解惑"只是为"传道"服务而已。韩愈对教师任务的论述说明了智育和德育之间的辩证关系。而这也正是现代教育所忽视的东西。

从韩愈的《师说》中，我们可以看出，传统教育认为只有从事德育科目教学的教师才能影响学生公民意识水平的观念是错误的，这样做的结果是忽视了学校中最为丰富和稳定的教育资源的施教者的作用，即其他学科的老师的影响力。如果教师只教学生一些所谓的专业技能，而忽视对其进行"传道"，那就是韩愈所说的"小学而大遗"。

也就是说只教给学生一些书本知识，而不"传道"，就会因小失大，失去教师的作用，不能完成教师的任务。我们知道，现代公民意识教育已经与众多学科密切联系，是一门跨领域、跨学科的综合性学科。公民意识教育具有涵盖范围广的特点，也就意味着大学生公民意识水平的高低不单单取决于某一学科某一部门的努力，在学校教育各学科的教材中都蕴涵着有关公民意识的教育资源，而这些教育资源能否得到开发和应用，关键在于这一学科的教师。

所以，无论是从事那一学科教学或者管理的教师一定要有渊博的知识，要重视公民意识教育的重要性，充分挖掘各学科或管理工作中的公民意识教育素材，并选择恰当的教学方法和工作方法，落实公民意识教育的内容。同时作为教育工作者必须具有健全的人格、良好的职业道德，成为学生信服的楷模。特别是公民意识教育，一定要言传身教，切不可言行不一。

此外，还必须强化高校教育工作者的角色意识，增强其责任感和使命感。只有这样才能真正意义上起到教育学生的作用，从而培养出社会主义现代化建设的合格接班人。

增强当代大学生的公民意识任重而道远，除了要关注学校的作用外，社会、家庭以及学生本人也要积极配合，只有这四方面共同努力才能培养出顺应时代潮流的社会主义"四有"新人，最终使他们成为符合社会主义现代化需要的建设者和接班人，为我国的现代化建设贡献力量。

12. 加强学生社会权利意识的方法

青年学生权利意识的弱化和偏差，是对学校德育教育的一个挑战，如何营造一个引导、启发、培养和提高学生权利意识的良好氛围，是当前学校道德教育的一个重大社会课题。为此，必须做到以下几点：

要以树立正确的权利观为内容

帮助青年学生树立正确的权利观，这是权利意识教育的内容要求。

权利是特定社会成员依照正义原则和法律规定享有的利益和自由。

它有四种表现形式：一是权利享有者有权做出某种行为或不做出某种行为；二是权利享有者有权要求他人不做出某种行为或做出某种行为；三是权利享有者的权利被侵害时，有权请求有关组织、机关或舆论给予排除侵害和有效保护；四是权利享有者权利受到破坏时，有权要求致害人给予相应赔偿。

任何社会都必须授予社会成员以一定的利益和自由，然而任何权利都不是绝对的，不受限制的。法律规定人们的权利，既是对人们行为自由的资格、能力可能性的认可，又是对这种行为自由的性状和限度的界定。所以法律赋予人们以权利并不意味着承认人们行为的绝对自由。

因此，权利必然与义务紧紧相连。没有无权利的义务，也没有无义务的权利。权利与义务两者同时产生，相互依存，相互对应。任何公民享受宪法和法律规定的权利，同时必须履行宪法和法律规定的义务。

首先，权利的实现，一方面依赖于相对应的义务的履行；另一方面则以权利享有者履行相应义务为前提，否则权利只能是一纸空文。因而义务履行的状况，则成为权利享有状况的前提。其次，权利的实现受国家利益和需要的限制，超出或破坏国家利益行为，都不会成为权利。

同时任何法定权利的行使，不得损害国家的、社会的、集体的利益以及他人的权利，否则非但得不到保障，而且要被制止，甚至被制裁。第三，权利的实现还受社会经济基础和社会物质关系所制约和限制，权利的范围、内容与经济基础和社会的物质文明、精神文明的发展程度相适应，任何超出经济基础和经济结构的权利，既不可能产生，也不可能实现。

可见权利意识是相对的，有限的，任何人在行使权力的过程中，不履行相应的义务，故意超越权利的界限，造成他人权利的损害，造成国家、社会、集体利益的损害，以满足自身超越权利范围的目的之行为，都是滥用权利的行为，都应承担相应责任。认识这些，才能正确对待权利，通过正当手段、方式、途径行使权力，维护权利。

要以法律知识教育为基础

卢梭曾说过："法律既不是铭刻在大理石上，也不是铭刻在铜表上，而是铭刻在公民的内心里。"近几年来，国家教委已将《法律基础》作为普通高校学生必修的德育课程之一，这是提高法律意识和权利意识的一个重要举措。

在法律基础课教学中，要结合青年学生特点，进行法律知识的系统教育。不仅要让学生懂得宪法、刑法，还应该让学生认识经济、民事法律、法规；不仅认识实体法，还应认识程序法；不仅认识基础法律，还要认识有关的专业法律，从而使学生对我国的法律体系及法制现状有比较系统全面的了解。

同时，应根据国家立法和修订法律的速度，弥补教材与立法现实相脱节的缺陷，及时向学生补充最新的法律内容，从而使学生全面地认识我国宪法和法律赋予公民的各项权利和义务。在向学生传授法律知识的同时，应重视法律意识的提高。向学生传授法律知识的目的，是为了提高学生的法律意识，即依法办事、依法律己、依法行使权利和履行义务的意识。

而提高法律意识的重点应放在树立学生的权利观念上。法律的基础就是利益，法律的本体就是权利，法律的目的就在于保障人权，保护公民的权利。提高法律意识，首先应当提高权利意识。权利意识弱化，法律意识必然淡漠。有了权利意识，也就有了法律意识。

因此，应从维护学生合法权利的角度，组织学生学法、用法。

这样才能把纸上的法律权利变成实际生活中的法律权利，使学法用法成为学生内在的自我要求，由被动变为主动，自觉增强法制观念。另外，要注意加强青年学生的涉法实践教育，这是对青年学生进行法制教育的一个重要环节。

青年学生的涉法过程，实际上是法律的实践过程，其行为后果直接影响其法律意识、权利意识。因此，教师应积极发现、挖掘学生中的法律事实，建立法律咨询中心，实行教育、服务、引导一体化，切实帮助他们正确进行法律活动，处理法律关系，保护其合法权益。针对学生涉法实践有限的特点，可组织学生观摩法院开庭，感受权利保护的过程，增强学生对法律的感性认识，帮助学生正确行使权力。

要以营造权利意识教育良好氛围为手段

权利意识教育是一种素质教育，绝不是靠学校的一门《法律基础》课就能实现的。它是一项复杂的系统工程，需要学校、教育教学管理部门共同努力，齐抓共管，形成一种合力，才能实现。

首先，领导必须在思想上重视学校的法制教育，把《法律基础》课摆在一个重要的位置上，建设一支高素质、高水平的法律教学师资队伍，给予足够的课时安排，从而对权利意识的培养、提高起到保障的作用。

其次，教育教学管理部门必须依法行政，依法管理，各种管理规章制度应与我国的宪法和法律以及党的大政方针相一致。要尊重教师、学生的合法权利，帮助老师和学生排忧解难。这是培养学生权利意识的一个重要组成部分。

最后，校宣传部门、学生会、团委，应运用各种宣传工具，采取各种宣传方式，开展多种多样的普法活动。如举办法律知识竞赛、演讲、法律讲座，营造校园的法制教育的良好氛围，从而引导、激发学生的权利意识。

13. 学生的社会奉献精神培养

据调查，冷漠自私是当前青少年普遍存在的心理问题的主要表现之一，他们对集体事务漠不关心，事不关己，高高挂起，斤斤计较个人的利益得失，缺乏奉献精神，行为被动。在现在这种缺乏奉献意识、物欲横流的社会氛围中，培养学生的奉献精神就变成了一件极其艰巨又极富有挑战性的工作，作为教师尤其是班主任，却有着义不容辞的责任。如何培养学生的奉献精神呢？结合自己的教育教学实践，我谈谈自己的一点粗浅体会。

坚持从我做起，自觉以身作则

难以想象，一个斤斤计较于名利得失的老师能够教育出热心奉献的学生来。有人感叹世风日下，有人痛恨干部腐败，有人惊诧贫穷落后……然而我们是否想过：我为此做过什么呢？是否捐助过失学儿童？是否帮助过素不相识的遭难的陌生人？

社会是由我们每个个体组成的，每个人都应做一把火，燃烧自己照亮别人，在奉献的同时提升自身生命的价值；也唯有这样，我们这个社会才能成为充满爱心与善意的和谐世界。对于教师而言，奉献有着更特殊的意义，不但由此实现了自身的价值，而且也将影响青少年学生的人生观价值观。

在这方面，很多教育界的前辈为我们树立了一座座不朽的丰碑。我国伟大的人民教育家陶行知先生，从小就立下了"我是一个中国人，我要为中国的教育事业做贡献"的远大理想，并发起组织了中华平民教育促进会，提出了三大著名的教育理论："生活即教育"、"社会即学校"、"教学做合一"，倡导"千教万教，教人求真；千学万学，学做真人"的教育思想，在中国教育界产生了广泛而深远的影响。

他以"捧着一颗心来，不带半根草去"的赤子之情，默默地为人民的教育和民族的解放事业鞠躬尽瘁，奋斗终生，影响了一代又一代青年学生。著名的儿童教育家陈鹤琴把自己的一生致力于儿童教育研究与实践，主编了《幼稚教育》、《儿童教育》、《小学教师》、《活教育》等刊物，还主编中国历史故事及小学自然故事等丛书。

他还曾热心从事普及教育和文字改革工作，用了近三年时间进行语体文应用字汇研究，1928 年出版《语体文应用字汇》一书，成为编写平民千字课本及儿童国语教科书的依据。他出于强烈的爱国主义思想，在中国共产党上海地下组织领导下，1937～1939 年主持上海难民教育，并参加推行新文字运动。在报童、难民与工人群众中进行扫盲和抗日救国的宣传。40 年代创办了特殊儿童辅导院，对流浪、盲哑残废儿童进行教育。

陈鹤琴的教育实践和教育思想对中国 20～40 年代的教育界与知识界是有影响的，对社会主义教育事业也做了一定的贡献。平民教育家晏阳初一生矢志平民教育、献身乡村建设的精神，更是当下十分稀缺、需要我们勉力继承和弘扬的精神遗产。观念往往决定行为，让我们从自己做起，撒下奉献的种子。

作为教师，我们应该尽心尽力上好每一堂课，关心爱护每一个学生，不计较个人的名与利、得与失，在奉献自己的同时也超越自身，使自己更有机会成为一个高尚的人，一个纯粹的人，一个有益于人民有益于社会的人！

善于利用集体，正确教育引导

在一个班级内，培养学生强烈的集体荣誉感是每个班主任应该做也必须要做的事情，只有每个学生都热爱班级，都积极为它做贡献，这个班集体才具有较强的凝聚力，才能形成好的学风和班风。

教师要善于在集体中发现并肯定学生一点一滴的奉献行为，充分利用集体的力量，在集体中进行教育。

我接手的班级中曾有一位男生叫陈志刚，这个学生非常聪明、头脑反应敏捷，学习成绩较好，尤其理科较突出。可他一向自由散漫，上课不注意听讲，爱做小动作、找别人讲话，不但自己从来不参加学校和班级的各项活动，而且谁积极他还讽刺挖苦谁，几乎从来不履行值日生的职责。

面对这样的学生，该怎么办？我想：我不能放弃任何一个学生，不能面对面的直接批评他，也不能因这些原因请他的家长来学校。于是，我试着采取了两项措施：第一，大力表扬所有积极维护班集体的同学，让陈志刚慢慢认识到为班集体服务，既是每个人的责任，也是每个人的光荣。第二，一旦发现陈志刚有点滴的进步就抓住不放，甚至放大表扬。在一次年段物理竞赛中，陈志刚以优异的成绩获得了一等奖。我先在班级给他颁发奖状以示表扬，同时打电话把这件喜事告知他的父母。

过后，就这件事找他谈话，首先让他自己说出他的优点与长处，接着委婉而又严肃指出他存在的缺点与不足。他不仅听进去了，而且虚心接受了。渐渐的，陈志刚有了比较明显的变化：下课后知道主动擦黑板，能坚持做值日了，有时还会抢着为别人做好事。我心中暗喜，不断耐心地找他谈话，赞许他的改变肯定他的进步。

在元旦迎新联欢会上，我特意让他表演了他擅长的口琴和吹笛，赢得了同学们的阵阵掌声。从此以后，陈志刚真的彻底改变了。不仅上课时遵守纪律，而且积极参加学校、班级组织的各项活动，在学校运动会的比赛场上，时常能够看到他为班集体努力拼搏的身影。从陈志刚同学的身上，我悟到了：只要我们真心付出爱，学生们会以自己的实际行动给予回报，而这是我们能得到的最好奖励。

紧贴生活实际，避免空洞说教

奉献精神的培养不是一朝一夕就能做到的，需要教师长期坚持不懈地努力，注意观察学生的日常行为和思想变化，加以正面引导，使学生能够在不知不觉中接受教育，不断增强奉献意识。

一方面要让学生乐于接受，我们就不能光讲那些大道理。"只有触动学生心灵的教育，才是最好的教育"。现在的学生接触的信息太多又太杂，简单的说教根本起不了什么作用，必须尽可能用他们熟知或身边的人和事，才有可能触及心灵深处引起共鸣。

那年，学校安排我担任初一年级一个班的班主任工作。初一的学生刚从小学升上来，大多懵懵懂懂的，有一个名叫玉颖的女孩却特别懂事，我记得非常清楚。学校借用体训基地举办秋季运动会，在校运会的前一天，她就跟我说，现在天气还比较热，同学们一直在跑个不停，容易犯中暑等疾病，她家常备有藿香正气水、人丹丸，她可以带一些来。

第二天，她果真带来不少的藿香正气水和人丹丸，并且还带了好多一次性纸杯和面巾纸，同时还随身带着一个特大的塑料袋，发现运动场上有被扔掉的矿泉水瓶就捡起来，说可以当废品卖了作班级活动费。我当即把她的这种心中时刻装着集体，服务大家的奉献精神在全班同学面前大大表扬了一番。同学们在她的影响下，纷纷用各种方法为班集体争光添彩。

另一方面要引导学生去做，班主任就得让学生认识到奉献的方式有很多。战争年代，抛头颅，洒热血，为了国家的独立民族的自由，勇赴国难英勇牺牲是奉献；在和平年代，大公无私，舍己为人，兢兢业业，忘我工作，是奉献。科学家的忘我钻研是奉献，工人的辛勤劳动也是奉献；官员身居要职，忠于职守，造福人民是奉献。

农民春耕夏耘，辛勤劳作也是奉献；士兵在边疆站岗放哨，保家卫国是奉献；环卫工人默默地起早摸黑，做城市的美容师，还是奉献。作为青少年学生，努力学好科学文化知识，加强品德修养，为建设祖国保卫祖国时刻准备着，这同样是奉献。只有让学生认识到这些道理，才能够激发他们的学习动力，进而不断增强奉献意识，并付诸于行动之中。

倡导积极阅读，引起心灵共鸣

我曾在一本书上读到一个名叫沙都·逊达·辛格的人的故事：有一天，辛格和一个旅伴穿越高高的喜马拉雅山脉的某个山口，他们看到一个躺在雪地上的人。辛格想停下来帮助那个人，但他的同伴说："如果我们带上他这个累赘，我们就会丢掉自己的命。"

但辛格不能丢下这个人，让他死在冰天雪地之中。当他的旅伴跟他告别时，辛格把那个人抱起来，放在自己背上。他使尽力气背着这个人往前走。渐渐地辛格的体温使这个冻僵的身躯温暖起来，那人活过来了。过了不久，两个人并肩前进。当他们赶上那个旅伴时，却发现他死了，是冻死的。

在这个例子中，辛格心甘情愿地把自己的一切，包括生命，给予另外一个人，这就是奉献，而且是对于一个完全陌生的人的奉献，正是这种奉献，使他不仅帮助他人渡过难关也保全了他自身的生命。而他那无情的旅伴只顾自己，最后却丢了性命。我把这篇文章读给我的学生们听，期望他们明白：奉献，使我们在服务于他人时也成就了自己。

有一期《读者》刊载了这么一篇文章"你能带给别人什么样的服务"，里面讲到一位知名公司的董事长哈里·布利斯是如何忠告属下的推销员。他告诉他们："忘掉你的推销任务，一心想着你能带给别人什么服务。"他发现人们一旦思想集中于服务别人，就马上变得更有冲劲，更有力量，更加无法拒绝。说到底，谁能抗拒一个尽心尽力帮助自己解决问题的人呢？

布利斯说："我告诉我们的推销员，如果他们每天早晨开始干活时这样想：'我今天要帮助尽可能多的人'，而不是'我今天要推销尽量多的货'，他们就能找到一个跟买家打交道的更容易、更开放的方法，推销的成绩就会更好。谁尽力帮助其他人活得更愉快更潇洒，谁就实现了推销术的最高境界。"

我们身边有许许多多挺不错的书籍杂志报刊，都可拿来供学生们阅读，比如《读者》、《青年文摘》、《爱的教育》等等。通过阅读学生逐渐就会懂得：乐于奉献，体现出一个人美好的心灵、高尚的情操；乐于奉献，能催人奋发，激人上进。

同时，也只有当一个人献身于帮助其他生命的时候，他才是高尚的、道德的。人类就是在一曲又一曲动人的奉献歌声中走向文明，走向现代，走向未来。因此，人们歌颂奉献精神，赞美勇于奉献的人。"春蚕到死丝方尽，蜡炬成灰泪始干"，歌颂的是奉献精神；李纲自比病牛，"但使众生皆得饱，不辞羸病卧残阳"，歌颂的同样是奉献精神……

学生具备了奉献精神，当他们走进社会，踏上工作岗位时，就更容易懂得人生的价值不取决于职业本身，奉献也不会受职业的限制。"三百六十行，行行出状元"，行行都是为人民服务。当给予别人成了一种生活方式，我们的人生会因此而更精彩！

14. 学生的慈善公益精神培养

要尊重青少年在德育学习的主体性地位，努力克服传统德育教育的灌输模式所导致的"教育顺从"，避免诸如"一日雷锋"之类的"政治走秀"现象，尊重并确立学生主体地位的德育学习模式，在成人世界的引领而非控制和青少年世界的主动体验与学习中寻求一种和谐。

将慈善公益文化教育纳入现行的德育课程体系

慈善公益文化教育，是青少年德育教育的一个补充。由于学校德育课程中还没有专门相关于慈善公益事业的内容，致使青少年群体对我国发展现代慈善事业的意义、慈善公益事业现状、运作的一般过程、参与的途径方式还知之甚少。

比如，所有的青少年学生都知道希望工程，但对幸福母亲工程、中国微笑行动、长江新里程计划等有其他影响的社会公益行动则不甚了了。青少年目前对慈善公益事业信息的了解主要来源于零星参与社会、学校等宣传或所组织的募捐活动、爱心活动，从中获得的认识和信息往往是不完整的。

因此，无论从现代慈善公益事业发展的社会取向，还是从青少年德育发展的价值取向上看，急需在现代学校德育教育的课程体系中增补慈善公益文化教育。学校慈善公益教育可以分为三个层次：

（1）倡导慈善理念与公益精神。

要通过学校一系列教育活动，营造慈善校园文化，形成关心人、尊重人、理解人和服务人的价值观，倡导公益意识和社会责任感，把学生培养成具有爱心的公民。学会尊重自己和他人，做一个对社会有益的好公民。

（2）面向不同层次学生的我国慈善事业的政策、法规、行为规范等基础知识的普及教育。

（3）由于现代慈善事业发展对志愿服务的技能要求越来越高，需要根据学生的年龄层次来培养学生参与慈善公益活动的基本技能。

比如，就青年大学生群体而言，首先，要使学生明确哪些是适合大学生参与的社会公益活动，其次，通过相关课程培养学生参与力所能及的公益活动应具备的基本能力，包括如何成为志愿者、如何组织实施志愿行动、如何应对活动中的困难等等。形式可以包括从课堂模拟到社会实践，以保证学生参与社会慈善公益实践后真正达到知、情、意、行的统一。

充分发挥媒体慈善的正功能效应

当代青少年是伴随着电视、光盘、网络等新一代媒体成长的，媒体信息良莠不齐，无法回避。但作为社会德育环境重要组成部分的媒体应当担负起引导正确道德价值观的社会使命，发挥媒体慈善的正功能效应。

近年来，慈善公益广告从无到有，向社会大众传播慈善文化理念，宣传慈善名人、公益明星、企业的善行义举，树立了大量的慈善公益行为榜样，许多大型的慈善公益活动的顺利组织开展与大众传媒积极的宣传、参与和策划是密不可分的。因此，媒体慈善在营造良好的慈善公益文化氛围，推动现代慈善事业发展中彰显着重要的助推功能。

现实中的青少年群体中存在大量的"追星族"群体，包括追影视明星、学术明星、体育明星等等。近年来这些公众人物或成立慈善基金会、或募捐钱物、或以志愿者身份直接参与社会慈善公益活动中去，产生了很大的示范效应。

大众传媒应更多宣传报道明星人物的公益善举而非个人隐私。值得注意的是，大众传媒更应当宣传普通人对慈善公益做出的贡献，使青少年认识慈善并不只是富人的事，只要有爱心，就有奉献服务他人的行为，人人皆可慈善。青少年是我国的互联网用户中的主体。依托网络这一德育新载体，创建慈善公益文化网站，青少年可以与网络客体承载的丰富德育信息进行即时互动。

通过这种青少年感兴趣的参与学习方式，了解我国现代慈善事业发展进程，主动感受人与人互助的德性之美，有助于教化青少年心灵，培育爱心公益精神和社会责任感，进而主动参与慈善公益事业。虚拟的网络同样能发挥着有效的媒体慈善教育功能，值得相关的德育工作者开展深入研究。

多元主体协同配合创建慈善公益活动的平台

（1）家庭教育成为青少年慈善公益精神培养的起点。

家庭是青少年社会化的第一场所，家庭的长期影响、教育将决定人的性格、品行。父母的样板效应对青少年从小培养慈善公益精神有着密切的联系。2000年，全美国家庭中有90%向国内外公益机构捐过款，60%以上青少年，44%的成年人参加过志愿服务。

目前，我国城市家庭中许多年轻父母有的本身就是义工或志愿者，有的爱心妈妈为福利院儿童编制毛衣，有的到社区为贫困邻里捐款捐物，有选择地带着孩子参加这些慈善公益活动，就是潜移默化中培养青少年的慈善意识、公益意识、感恩意识，提升他们的道德水平，使参与慈善活动逐渐成为他们的一种自觉的行为。父母的身体力行使学生接受了慈善公益教育的第一课，从中获益的是个人、家庭和整个社会。

（2）学校发挥青少年慈善公益精神培养的主渠道作用。

学校培养青少年慈善公益精神应将课堂教学活动与学校社团、课外实践等各方面有机结合起来，使他们的参与热情、意愿转化为具体的慈善公益行为。首先，走进课堂教学，主要指依托德育类课程开展慈善公益文化教育。其次，走进校园文化，依托校园景观文化和校园网络文化创建，营造校园公益文化氛围。

比如人气颇旺的上海市大学生社会实践网，吸引着许多在沪高校学生将参与社会公益活动的见闻、感想、实践报告进行交流互动。其次，依托形式多样的学生社团组织，鼓励创建公益性、服务性社团参与课外社会公益实践活动。通过建立义工档案、志愿者时间储蓄制，推动青少年参与的常态化的做法是一种有效的激励机制。

（3）社区创设青少年慈善公益意识精神实践的平台。

在对我国慈善事业发展研究中，有学者提出慈善事业社区化是慈善事业社会化的前提、基础、捷径，也是适应中国国情逐步推进慈善事业社会化与规模化的最有效的方法之一。

学者认为慈善事业社区化发展在慈善资源的募集与整合、慈善资源分配上具有优势，特别是在慈善服务上，广大的社区志愿者队伍可以成为社区慈善事业的坚强后盾。长期以来，我国城市社区建设的参与主体和社区志愿者队伍一直是以老龄人口为主。

近年来，不少学生参与了社区环保公益活动和对社会弱势群体的服务，学到了在家庭、学校教育中所无法获得的社会知识，提升了社会行动能力。不过，这些活动具有临时性、非常规化现象，产生的影响比较有限。我国社区志愿者队伍应主动吸纳青少年群体的加入，现实生活中能参与。

比如奥运会规模的志愿服务的人群范围太小了，应以慈善事业社区化发展为契机，鼓励青少年群体成为社区注册志愿者，把学生的参与热情引导进常规的社区志愿服务是比较务实的做法。欧美及港台地区的青少年经常在社区做义工，韩国对青少年的志愿服务甚至带有强制性的，但有的方法值得我们借鉴。

社区是生活在同一地理区域内有许多共同特征的人类生活共同体。家庭、学校本身就是社区的组成，三者之间任何一个主体都应该主动寻求与另两方的合作，共同挖掘慈善文化教育资源，创建青少年慈善公益精神实践的社会平台。

今天的青少年就是未来践行公益中国的主体力量，当代青少年群体在中国志愿公益服务中所迸发的热情和力量已经成为现代慈善公益事业不可或缺的部分，期间遭遇的困难也是巨大的。培养一代青少年的慈善公益精神，使慈善公益行为成为青少年群体生活中的一种方式，使参与志愿公益服务成为青少年的另一种"时尚"，需要全社会共同思考、理解、努力与支持。

第二章

学生与社会相处原则

1. 加强修养，做人高风亮节

具有良好修养的人，严肃而不孤僻，活泼而不放浪，稳重而不呆板，热情而不轻狂，沉着而不寡言，和气而不盲从。修养可使人成为完善的人。

中国传统的修养观还认为："修身首先要正心。"修身的意思绝不仅限于外表的修饰，更重要的是内心的修养，即所谓的"欲修其身者，先正其心"。

当代男人，更应该深刻认识进行道德修养的必要，良好的道德品质不可能与生俱来，只有通过长期的修养才能形成。青年应该按照时代的要求，培养形成高尚的道德品质，如克己奉公、忠诚老实、谦虚恭谨、坚定勇敢、开拓进取、艰苦朴素、助人为乐、正直善良、文明礼貌、遵守法纪等等。

修养是实现道德规范的关键环节，必然具有历史的内容与多层次的结构。在奴隶社会，强调修养，是为了维护奴隶主的权威，形成奴隶对奴隶主的屈从和人身依附，以及对奴隶主的绝对忠诚。在封建社会，除了维护封建宗法等级外，还有围绕忠、孝、节、义、礼、智、信等一系列道德规范的信条，但其中亦包含了不少合理的因素。

孔子15岁开始，立志研究学问，修养道德，终于成为圣人。从孔子的例子看来，伟大的人格，是从不断的修养中得来的。

封建社会的道德观不免带有历史的局限，在科学昌明的今天，人们的道德观升华到新的境界，但"浩然之气"的修养却始终是人身修养的核心内容。

谁想成为一个有道德的、高尚的人，谁就必须自觉地进行道德修养，舍此别无他途。

向称"礼仪之邦"的中华民族，历来就讲究道德修养，讲究高尚的情感和坚贞的节操。

在光辉灿烂的中国历史上，有多少高风亮节的英雄豪杰！"精忠报国"，体现了岳飞的高尚情操；"人生自古谁无死，留取丹心照汗青"，体现了文天祥的浩然正气；"先天下之忧而忧，后天下之乐而乐"等格言佳句，更是为历代人民所反复传诵。

有一段赞美花的格言，其实正是对高尚情操之美的形象赞誉："人们喜爱花，因为它无私地为美化人间而盛开；人们赞美花，是因为它无畏地为人间丰收而自落。"

政治家注重学习修养，文学家也注重学习修养，搞自然科学的人同样注重学习修养。

当今世界科学技术的发展日新月异，突飞猛进，若不加强学习修养，就会使人闭目塞听，夜郎自大，懒于思索，忘乎所以。不愿意钻研和深入学习，满足于微不足道的"知识"，都是智力贫乏的原因。这种贫乏通常用两个字来概括，那就是"愚蠢"。要医治"愚蠢"，变骄傲成谦虚，化自卑为进取，自觉主动地向知识的金字塔挺进，在智慧的海洋上泛舟，塑造完美的人格，别无妙药秘方，只有加强学习修养。

历史上任何一次飞跃，都是以提高人的素质为先导的。人的素质主要靠修养，靠"后天习来"。它包括思想特性、智力特性和体质特性。这些成为人们能动地认识世界和改造世界的内在力量。

修养，要注入时代的新鲜内容。

修养，不是要我们成为畏首畏尾、谨小慎微的人。富于开拓精神，亦是修养的重要目标。

修养，并不是把每个人都塑造成同一个样式。人的才能和性格各有不同，每个人都可以根据自己的禀赋和长处，向好的一面尽量去培养和发展。所以，无论在什么情况下，我们都不要自暴自弃，应该好好地珍惜自己，好好地修养自己的身心。

修养，是使人成为人才的通途，它的目的是使个体的人具有人类中先进人物所共有的精、气、神。

修养，不是束缚，而是解放。

一位心理学家曾经进行过一项连续 30 年的实验，他挑选了 1000 名智力超常儿童进行跟踪实验。这些智力相近的优秀儿童，后来成就却相差很大，有的做出了举世瞩目的成就，有的则平庸无奇。

心理学家仔细研究了 20% 最有成就的对象和 20% 最无成就的对象，发现他们之间最大和最显著的差别，不在于智力，而在于意志、信念、进取心等非智力因素。

智慧与修养是一对孪生子。人的修养程度，决定自身的潜在智慧能否充分发挥，从而决定人在事业上的成败。男人应当加强修养，高风亮节。

2. 克己利人，常怀仁爱之心

每个人在社会上都不是孤立的，人们都愿意建立良好的人际关系。而仁爱则是实现人际关系和睦与融洽的媒介。具体说来，仁爱之心包括三个方面。

推己及人解人意

推己及人，就是用自己的心思去推测别人的心思，设身处地地替别人着想。

《论语·卫灵公》记载，孔子的学生子贡问孔子："老师，有没有一个字，可以作为终身奉行的原则呢？"孔子回答说："那大概就是'恕'字吧。"为了使子贡具体明白"恕"的道理，孔子补充说："己所不欲，勿施于人。"子贡按老师的教导去做。有一天，他对孔子说："我不欲人之加诸我也，吾亦欲无加诸人。"意思是说：我不喜欢别人强加在我身上的，我也不要强加在别人身上。子贡的话，可以说是"己所不欲，勿施于人"的最恰当的解释。

推己及人，显示了宽容体谅的道德情怀，数千年来，它一直是中华民族的传统美德。我国古代之所以成为举世著称的文明礼仪之邦是与此分不开的。

今天，随着社会的不断进步和发展，人们的交往越来越密切，人际关系也越来越复杂。所以，在先人优良传统的基础上，继承和发扬推己及人的美德，搞好人际关系，就显得尤为重要了。

怎样才能做到推己及人呢？它要求我们以爱己之心来对待周围的人，无论做什么事，都要以自己的感受，去体会别人的感受，以自己的处境，去想像别人的处境；站在对方的位置上，将心比心，把别人当做自己对待，设身处地为对方着想。比如，你不喜欢别人伤害你的自尊心，你就不要伤害别人的自尊心；你不喜欢别人往你身上泼脏水，你就不要往别人身上泼脏水；你不希望被骗，你就不要骗人；你不愿意有声音干扰你的读书学习，别人读书写字时你的动作就要轻一些。如果你能够从别人的角度着想，你就不难找到妥善处理问题的方法，你就会成为一个通情达理的人，并能得到别人的理解。即使未能获得别人的理解，自己也是问心无愧，因为自己是在堂堂正正地做人。

要做到推己及人，首先要做到"己所不欲，勿施于人"，然后进一步做到"己欲立而立人，己欲达而达人。"孔子对他的学生子贡说："夫人者，己欲立而立人，己欲达而达人。"意思是说：一个有仁德的人，自己想要站得住，同时也帮助别人站得住。自己想要事事行得通，同时也要帮助别人事事行得通。使自己站得住那是"己立"，帮助别人事事行得通，那是"达人"。"己立立人"和"己达达人"是推己及人的积极表现。

当然，推己及人是有适用对象的。对善良的人，对奉公守法的人，应该对他宽宏谦让；对居心不良的人，对不法之徒，则须坚决与之斗争。否则，养痈遗患，祸害无穷。

推己及人这种替别人着想的道德情怀不仅在中国，在全世界也有着广泛的影响。据说国际红十字会总部里，就悬挂着孔子"己所不欲，勿施于人"的语录，体现了人类对美好人际关系的向往。

克己利人多奉献

某君，好计较个人利益，评功争功，调级伸手，而且工作拈轻怕重，吃苦受累的事推给别人，沾光得彩的事抢在前头。如果要去外地出差，他冬天挑南方，夏天挑北方，不冷不热的季节挑富区不挑穷区。若是不能如愿，就说自己"吃了亏"。由于他总想占便宜，有人就私下给他取了个外号，叫"老占"。

由"老占"的事儿，联想到我们的生活、工作中也确有那么一些人，他们入党入团之初，曾经牢记自己的誓言，一心为人民谋利益，吃苦在别人前头，享受在别人后头，凡涉及个人利益的事，很讲风格，调级让级，评奖让功，好处留给他人，自己乐于吃亏。但是后来，却放松了世界观的改造，受"只占便宜不吃亏"的利己主义思想影响，渐渐变得像"老占"那样，心胸比针眼儿还小，对个

74

人利益锱铢必较，由群众的榜样变成了他人奚落的对象，更有甚者，成了烟酒糖茶、金元美钞的俘虏，沦为人民的罪人。这种人生价值观的萎缩带来的道德的沦丧、人品的渺小，无疑是可悲的。

其实，一个人如果打定主意"只占便宜不吃亏"，那是绝对行不通的，因为它违反了生活的辩证法。

人生悠悠万事，正如志愿军老战士、"活烈士"井玉琢所说："世上只有简单两件事：吃亏，占便宜。都想占便宜，那亏给谁?"他是从凡事要先为国家、集体、他人考虑讲的这番话。可说到底，世界上所以要有革命，正是为了改变旧时代那种少数剥削者总是占便宜、广大劳动人民总是吃亏的不合理的社会制度。而在这个革命中，我们的前辈毁家纾难，抛头颅、洒热血，推翻了三座大山，使劳动人民翻身做了主人。要巩固和发展革命成果，建设幸福美好的社会主义新生活，更需要后来人像井玉琢那样，处处克己利人，继续牺牲奋斗，毕生奉献不已。这样的人越多，美好生活到来得就越早。

忍让他人风格高

两个人从独木小桥的两端，同时走到了桥中间，而小桥的宽度，只能容许一个人迈步，怎么办? 房子里有四个人聊天，外面送来三个苹果，谁吃谁不吃? 在交叉路口，两个骑自行车的人无意中相撞倒地，是互相指责，你厮我打呢，还是互相说"对不起"、"不要紧"? 无缘无故，别人开你一通玩笑，甚至真真假假损你一顿，你又怎么办? ……生活中几乎到处都有这种矛盾，而且几乎天天都有这种矛盾，在这种看来不争就要"吃亏"的情况下，应该采取什么态度呢?

生活就是运动，矛盾无时不在，无处不在，关键是要有个正确的态度，妥善地处理矛盾。一个"让"字，往往是妥善地解决矛盾的关键。许多事情如果各自寸步不让，那就只好怒目相向，握拳相持；而高姿态，高风格的带头礼让，则可能使僵持的矛盾迎刃而解。

相传唐代有位张公艺，数代同居，合家和睦。唐高宗要他谈谈治家诀窍，这老兄一连写了一百个"忍"字，意思是说，彼此忍让，是家和之本。山东济阳有个"仁义胡同"，相传明朝时当地人董笃行在京都做官，母亲来信说家里因盖房砌墙与邻居发生争执，要他出面讲话，董笃行便写了一首诗寄给母亲，诗云："千里捎信只为墙，不禁使我笑断肠。你仁我义结近邻，让出两墙又何妨。"董母照办后邻居受到教育，也主动退让，于是空出一条胡同，即"仁义胡同"。

清代中期，还有个"六尺巷"的故事。据说当朝宰相张英与一位姓叶的侍郎都是安徽桐城人，两家毗邻而居，都要起房造屋，为争地皮，发生了争执，张老夫人便修书北京，要张英出面干预。这位宰相到底见识不凡，看罢来信，立即作诗劝导老夫人："千里修书只为墙，再让三尺又何妨？万里长城今犹在，不见当年秦始皇。"张家见书明理，立即把院墙主动退后三尺；叶家见此情景，深感惭愧，也马上把院墙让后三尺。这样，张叶两家的院墙之间，就形成了六尺宽的巷道，成了有名的"六尺巷"。事情就是这样，争一争，行不通，让一让，六尺巷。

礼让不仅仅是为了息事宁人，它还是社会主义精神文明建设的一个内容。我国素有礼仪之邦之称，礼在何处？仪在哪里？"让"便是具体内容之一。而所谓"让"，就是"厚人自薄"，就是先人后己，舍己为人，不怕吃亏。

当然，我们提倡人与人之间的礼让，并不是无原则的忍让，更不是逆来顺受。正确的态度只能如毛泽东所说的："一切言论行动都必须合乎广大人民群众的利益，为最广大人民群众所拥护为最高标准。合乎这个标准，可让当让。否则，就不是让的问题，而是批评教育，甚至是起而斗争的问题了。"

仁爱之心，是人类生存和社会发展最基本的精神力量。它能融化人的孤独感和分离感，使人与人的关系和睦温馨，男人应当常怀仁爱之心。

3. 克服偏狭不良心理

由于中学生正处在心理和生理的成长发育时期，他们更加需要交往。因为只有良好的人际关系才会有愉快乐观的心情学习；和家长之间像朋友一样倾诉、畅谈，才能有前进的动力；和朋友融洽相处才能感到生活的美好；和师生相处得好才能在学习上有更大的兴趣……；但在这些交往中他们往往会产生各种心理障碍，而影响中学生的健康发展。

自我为中心

一个自大、看不起别人，以自我为中心的人，在他与外界之间存在着一道无形的"城墙"。你们大多数时间是生活在自己的世界里的，这对一个中学生来讲是十分不利的。这些"自大"的中学生中自然有着自己所骄傲之优点，而且其中不乏非常优秀者。然而正是你们的"骄傲"，使得你们把自己独锁在"骄傲王国"，变得狭隘、自私，这不仅对你们的学习没什么帮助，也会形成不良的心理疾病。

高某是某校初一的学生，一个活泼好动的孩子，在课堂上，总认为自己懂了，他不怎么听讲；他举手发言，如果老师请了其他同学，他就会做出很不高兴的样子；课后，他还会出现不完成作业的情况，老师找他谈话，他也会不屑一顾地说："你讲的这些太简单了，我不想听，作业做起来也没什么意思。"在生活中，他也会拿自己的长处同别人的短处相比，认为自己高人一筹，看不起别人。

自我为中心产生的原因

人生的许多事情，不是那么顺利的，但是千万不能太过于以自我为中心，那样对自己的生活是不利的，而且影响到了中学生的健康成长。往往太过于以自我为中心的中学生是因为：

1. 生活环境的因素。现在的中学生一般都比较自私、自大，喜欢以自我为中心。原因虽然是多方面的，但这跟你们的生活环境，跟父母对待独生子女的态度有着密不可分的关系。在家里，你们被视为掌上明珠，全家人向众星捧月一样宠着你们。好玩的东西是你们一个人的，好吃的东西也是你们一个人的。对你们而言，这种泛滥的爱心让你们感觉一切都是理所当然的。小皇帝、小公主也就由此诞生了。

2. 成人的影响。有些父母总是为自身的优越而表现出洋洋自得、自以为是、目中无人的态度，因此经常在你们面前谈起自己的同事、亲人哪一点不如自己，你们听到这些话，也会仿效父母，只看到自己的长处，而嘲笑别人的短处。

3. 家庭优越的生活条件。良好的家庭条件，吃穿不愁，凡事无忧，慢慢地滋长了你们虚荣自大的心理，养成爱炫耀自己、嘲笑别人的毛病。如你们经常下高档馆子，玩高档玩具，就会看不起其他孩子。

4. 过多的表扬和赞美。人往往容易在表扬和赞美中迷失自己，更何况是你们呢。父母和老师只要求你们的学习成绩，从没想过你们的性格扭曲。如果你们学习成绩好了，父母和老师就给予表扬和

赞美，你们开始还会不好意思，但过多的表扬和赞美，使你们形成了理所当然，从而产生自大的心理。对于学习中的问题，从来都不会屈尊大驾问老师和别人，你们总认为自己不会，别人肯定也不会。

以自我为中心会对你们的人格发展和学习发展以及人际交往都产生很大的影响。

如何克服自大心理

调整成就动机。心理学家认为，达到或超过优异标准的愿望，是个人认真地去完成自己所认为重要或者有价值的工作，并欲达到某种理想地步的一种内在推动力量，正是成就动机推动人们在各种行业里奋发图强。人要实事求是地评价自己的能力、知识水平，定出符合自己实际能力的奋斗目标。

要善于发现和学习别人的长处。虚心地取人之长，补己之短。诚然，谁都不可能成为无所不能、万事皆通的全才，然而，只要虚心地向别人学习，善于把别人的长处变成自己的长处，那么，必定会越来越聪明，越来越进步。

1. 接受批评是根治自大的最佳办法。自大者的致命弱点是不愿意改变自己的态度或接受别人的观点，接受批评即是针对这一特点提出的方法。它并不是让自大者完全服从于他人，只是要求你们能够接受别人的正确观点，通过接受别人的批评，改变过去固执己见、惟我独尊的形象。

2. 与人平等相处。自大者视自己为上帝，无论在观念上还是行动上都无理地要求别人服从自己。平等相处就是要求自大者以一个普通社会成员的身份与别人平等交往，提高自我认识，要全面的认识自我，既要看到自己的优点和长处，又要看到自己的缺点和不足，不可一叶障目，不见泰山，抓住一点不放，未免失之偏颇。认识自我不能孤立地去评价，应该放在社会中去考察，每个人生活在世上都有自己的独到之处，都有他人所不及的地方，同时又有不如人的地方，与人比较不能总拿自己的长处去比别人的不足，把别人看得一无是处。

3. 要以发展的眼光看待自大，既要看到自己的过去，又要看到自己的现在和将来，辉煌的过去可能标志着你过去是个英雄，但它并不代表着现在，更不预示着将来。

4. 培养为学习追根究底的精神。有些同学虽有疑问，但不好意思开口问，好不容易鼓起勇气提出了问题，如果对方未解答清楚，或未耐心说明，尽管没听懂也无意再问了。结果仍是似是而非，不明不白，这其实等于没问。问的目的在于弄清楚问题，获得真知。这往往不是一问便可，一说即明的，而是要反复探究，追根溯源，不仅知其然，更要知其所以然。所以问时就不能只问一个"是什么"，还要问清"为什么"，进而知道应该去"做什么"。

4. 克服可怕的骄傲心理

骄傲心理是指高估自己，低估别人而引发的一种傲慢自负的心理。这样的中学生往往虚荣心较强，只爱听表扬、夸奖的话，不能挨批评，不爱接受别人的意见。在竞赛活动中，只能赢，不能输，稍有挫折，容易失去心理平衡。

生活中最重要的事就是完善自己的灵魂，而骄傲的人始终认为自己是十全十美的。正因如此，骄傲极为有害。骄傲的人总是忙于教训他人，以至于从不考虑自己，当然也不必考虑：他们是那么地好。正因如此，他们教训他人越多，自己就跌得越低。正如俗话所言："你们中间谁为大，谁就要做你们的佣人：因为凡自高的，必降为卑；而那自卑的，必升为高。"

小强从小学习都很棒，他以优异的成绩考入了市重点中学，所以很多同学都用羡慕的目光看他，而爸爸妈妈也经常在亲戚朋友面前夸奖自己的好儿子，可以说小强是在光环的照耀下越来越炫目多彩，但也慢慢滋长了他的骄傲情绪，总感觉自己考入市重点一切都万事大吉，总认为自己不用怎么学习，照样能够取得好成绩。于是他玩的时间越来越多，有时候作业也就是不管对错只要做完就没事了。到了期末考试，爸爸妈妈本希望他能保持以前的优异成绩，可是小强的成绩却从班里的第一名退到了班里的二十多名。

骄傲心理的产生原因

青春时期，有些影响促使中学生太过于骄傲自满，往往为了一点的事情都觉得自己很伟大，其实那都是对其自身不利的。那么，为什么中学生会这样呢？

1. 成人对你们的影响。成人对你们的影响是不容忽视的。在你们中间，有些父母就是比较喜欢沾沾自喜，这样就潜移默化的影响了你们。

2. 一味地夸奖。许多父母不知道怎样教育孩子，当孩子取得好成绩时，只知道一味的夸奖，这样就容易滋长孩子的骄傲情绪。

3. 家庭教育的影响。为一点小成绩就骄傲的中学生，父母对你们的教育都抱着这样的想法：现在的孩子生活条件优越，多少都有点这样的毛病，何况女孩子本来就要娇贵一些。再者随着年龄的增长，就会慢慢懂事。正是因为父母的这种想法，并忽略了对你们教育的时机，更没有正确引导你们如何去尊重和帮助他人，再加上父母和祖辈长期的忍让和宽容，使你们形成唯我独尊的性格，取得一点小成就就觉得自己很了不起。

如何克服骄傲的心理

1. 要学会全面地分析问题，摆正自己的位置。山外有山，天外有天，自然界的事物无止境，要想认识自己，就必须丢掉个人主义的有色眼镜，学会全面、客观、发展地看问题，学会掌握分析事物的方法。人一旦跳出自我小圈子，站在客观的高处，低头看，就会找到自己的位置。到那时，就不会过高地评价自己，就不会昏昏然，就会发现我们只是沧海一粟。我们所取得的成绩和所谓的那点资本同别人相比，同未来事业的需要相比是微不足道的，这样，我们会冷静许多。

2. 看到自己的不足。许多中学生由于看不到自己不足，做某件事成功了沾沾自喜，就觉得自己很多方面都比别人强。常言道：天外有天，人外有人。如果你能经常发现强人，并且体会到自己的不足，与强人有多大的差距，这样就会变得谦虚了，自然骄傲也就远离你了。当你在学习上有了进步取得好成绩时，应当把成绩当做过去，更加努力。不要嘲笑在某些方面不如自己的人。因为每个人都有长处和短处，应虚心学习别人的长处，克服自己的不足，这样才能有利于个人的进步。不要与同学比吃穿，更不要瞧不起那些生活困难、朴素的同学。当听到表扬时要勉励自己：戒骄戒躁，不断进步。

3. 要树立远大的理想和抱负。理想是人生前进的动力和目标。胸无大志的，很容易为一点小成功便沾沾自喜，裹足不前，这是不可取的。而胸怀大志的人，无论何时他都会正确对待自己的成功，绝不会为一点的小胜利而停止不前，反而会为更大的成功努力前进，不求进取。理想和追求，不仅是磁场，也是一种压力，教人松不得

半口气。

*4. 正确认识荣誉。*老师要让学生正确认识自己的荣誉得来不容易，爱荣誉、惜荣誉、争荣誉与毁荣誉常常是联系在一起的，超过了一定的度，就会走向反面，所以要告诉学生成功的荣誉是靠辛勤劳动得来的，是班上同学努力的结果。

*5. 学会辩证比较。*骄傲的人总是多看到别人的缺点和短处，不善于与人进行比较，但是却对自己的优势和长处沾沾自喜。所以老师在生活中指导学生掌握辩证比较方法，既要用自己的长处与他人的长处进行比较，又要用自己短处与他人的长处来进行对比。

5. 克服嫉妒心理

妒嫉是一种较普遍的社会心理现象，是一种影响团结，使力量内耗、损己害人的消极心理，它在人际交往中往往起着消极的作用。表现为别人在某方面优于自己，并认为可能由此危及自己的利益而引起的忌恨与不满，这种情绪往往不是正面流露，大都是旁敲侧击；妒忌心理极欲排除别人优于自己的方面以解除心头的愤恨，从而达到心理上的平衡。妒忌心，从本质上说是看到与自己有相同的目标与志向的人取得成功而产生的不适应感，是既不能正确评价自己、又不能正确评价他人的不良心理品质；妒忌心强的人大都会出现一些身体上的病症，如胃病、头痛、食欲不好、情绪低落等。

具有嫉妒心理的中学生具有明显的攻击性，这种人往往看不到别人的优点、长处，而总是挑剔别人的毛病，甚至不惜颠倒黑白，弄虚作假，这对人际关系有着十分大的威胁。

小晶学习成绩好，因而受到同学马娟的妒忌。一开始，马娟是作为一种动力，要求自己一定要不惜一切代价提高学习成绩，赶上小晶，但直到高三，马娟的成绩仍然远远落于小晶，在高考前的冲刺阶段，一直处心积虑的马娟想到了一个可以影响小晶学习成绩的办法，那就是用硫酸来帮助自己。她花6元钱买了一瓶浓硫酸带回学校，半夜时，她拿着一杯浓硫酸来到小晶的宿舍。由于宿舍门锁坏了，马娟很容易就进了宿舍，谁也不曾想马娟竟然把把硫酸泼到了小晶的好朋友张静的脸上。原因是张静抢了马娟的男朋友，于是借助泼硫酸一箭双雕，既报复了张静，又达到影响小晶学习的目的。因为张静住院，小晶肯定会去医院探望，这样小晶的学习成绩就会受影响。正如马娟所期望的那样，小晶有很长一段时间在医院陪张静，成绩直线下降。马娟的计划虽得逞了，但她也为此付出了沉重的代价，因故意伤害罪，手段特别残忍，一审被判处死刑。

嫉妒心理的产生原因

生活中出现的不公平的事情很多，中学生造成嫉妒心理大多是由于：

1. 青春期心理。妒忌心理产生的原因及分析：嫉妒心理并非天生就有，而是在后天的条件下逐步形成的。随着人不断的成长，青春期是一个自我认定的时期。中学生正是从这个时期开始发现自己内心世界的。在此期间，中学生喜欢同周围人进行比较，开始注意对自己的评价和对别人的评价。同时，自尊心也明显增强。但由于其身心发育的不成熟，最容易犯的毛病就是自我评价过高，自尊心过强。如果教师、父母引导不力，你们就会误入妄自尊大、唯我独尊的境地，人也会逐渐变得虚荣起来。这种唯我独尊、追求虚荣的心理很容易与尊重别人的心理产生冲突。

2. 不适当的教育方式。有的父母常对你们说他在什么方面不如

84

某某，使你们以为父母喜欢别人而不爱自己，由不服气而产生妒忌的心理。

3. 自尊心过强。对于能力较强的中学生来说，会因为自己经常得到肯定而形成一种"惯性"，如果有一次没受到"重视"和"关注"，就容易产生妒忌的心理。

如何克服嫉妒心理

1. 认清嫉妒。一个人不服输是进步的动力，但事事在人前，样样不服输，却是不可能的。人有所长必有所短。想通这一点，就会驱除嫉妒的困扰。此外，嫉妒的结果往往是损害别人，贻误自己。思想上深刻认识了，对其危害性才会产生厌恶情绪，在行动上也会与之决裂。为此，何必做那些得不偿失的事情呢。

2. 自我驱除。嫉妒是一种突出自我的表现。无论什么事，首先考虑到的是自身的得失，因而引起一系列的不良后果。若出现嫉妒苗头时，即行自我约束，摆正自身位置，努力驱除嫉妒心态，可能就会变得"心底无私天地宽"了。

3. 要胸怀开阔，要有容人之量。俗话说得好："公侯头上能走马，宰相肚里能撑船。"就是要胸阔如海，宽容大度，才会消除妒忌。各人有各人的长处，不能因为自己有所短而害怕别人超过自己，你的成绩也不应该成为别人进步的障碍。对同学任何方面的成绩或进步要抱欢迎的态度。这种良好的心态，是一个健康人格的反映。

4. 加强修养，克服私心。嫉妒的发生是个人心理结构中"我"的位置过于膨胀。应有意识地多读一些情操高尚、内容丰富的书籍，多听格调高雅的音乐，加强思想修养，学会有意识地控制自己的感情。懂得了"心底无私天地宽"的道理，就会消除或减少嫉妒心理。

5. 看到自己的长处，化嫉妒为动力。一般而言，嫉妒心理较多地产生于周围年龄相仿、生活背景大致相同的人群中。因此，只有采取正确的比较方法，将人之长比己之短，而不是以己之长比人之短。一个人在嫉妒别人时，总是注意到别人的优点，却不能注意自己比别人强的地方。其实任何人都有不如别人的地方，当别人在某些方面超过我们时，我们可以有意识地想一想自己比对方强的地方，这样就会使自己失衡的心理天平重新恢复到平衡的状态。

6. 不要用放大镜看自己。如果只看自己的优点，而且看得过重，就接受不了别人挑战的事实，更不能容忍别人超前的优势。在任何时候，把自己看得平常些，就不那么孤高自傲了。把自己当成金子，常有被埋没的痛苦；而把自己当成理所应当的铺路石，就会为有人踏过而欣喜。

7. 学会自我宣泄。最好能找知心朋友、亲人痛痛快快地说个够，他们能帮助你阻止嫉妒朝着更深的程度发展。另外，可借助各种业余爱好来宣泄和疏导，如唱歌、跳舞、练书法、下棋等。

6. 克服多疑的不良心理

多疑与猜疑不同。猜疑只是一般的怀疑，这种怀疑有可能毫无道理，纯粹是神经过敏所致，但也可能有一定道理并符合客观事实。正常的猜疑人皆有之，不属于心理问题。多疑则是猜疑的极端状态，绝大多数都是无端生疑，属于毫无根据，纯粹是为了证明成见、偏见的猜疑，是心理失衡的表现。多疑心态是导致偏执性人格障碍的温床，需要警惕，具有多疑心态的中学生以主观想象代替客观事实，容易产生忿恨甚至报复心理。因此，人们都不愿意与这类人交朋友。

张某是高二的学生，因患过敏性鼻炎，不能参加学校的自习，课间操，甚至体育课有时也上不了。由于长时间的不锻炼，体质也变得越来越差，由于自己平时不喜欢和同学们交流，不只影响到了学习，还产生多疑的心理，他总认为老师和同学都对他另眼相看。其实，老师和同学都没有这个想法，高二的学习都忙不过来，谁还会有心思考与己无关的事呢？

多疑心理的产生原因

中学生也许是因为青春期，对什么事情都是处于半信半疑的状态，而又不得不去接受，一定程度上影响到了中学生的心理，但是那些心理都是有一定的原因的：

1. 中学生认知的偏差。多疑首先是由于中学生的认知方式出现偏差而导致的。以点概面、以偏概全、循环论证的认知方式使得个体在认识周围事物时产生知觉、归因等偏差。具有这种认知方式的人一旦产生疑点，对信息的摄取范围就大大的缩小了，并且将所有的分析推理和判断建立在自己设想的信息上，结果进一步验证和强化了原先的设想，自圆其说，造成疑心更重。

2. 刺激心里的伤痛。多疑心理的产生还可能是挫折引起的一种心理防御。有些中学生由于以前轻信别人，轻视自己所面对的事物，结果遭受了巨大的挫折，并长期保留着对挫折经历的深刻体验。使得自己矫枉过正，从一个极端走向另一个极端，不敢相信任何人和事。

3. 长期自我心理封闭。一些中学生由于长期的自我心理封闭，从不与外界接触、打交道，使得自己对外部世界感到陌生，如果在不得已的情况下，与外界打交道时难免比常人有更多的疑虑、戒心和防备。

4. 过分关注别人对自己的评价。其实这是一种缺乏自信心的表

现。有些中学生在某些方面总感觉不如别人，总怀疑别人在议论自己，算计自己，如果别人在一起说话时对自己投来了不经意的一瞥，他会认为别人正在说自己的坏话，如果平时有人开一个善意的玩笑，他也会认为别人是在挖苦自己。

如何克服多疑心理

1. 自我暗示，厌恶猜疑。当你猜疑别人看不起你，或说你坏话的时候，你心里可以不断地反复地想象你与他之间的友谊，或者是他平常的为人，总之就是尽量想象那个人的优点，从而克服多疑心理。

2. 与别人坦诚相待。彼此交换意见，坦率地、诚恳地把猜疑问题提出来，心平气和地谈一谈，只要你以诚相见，襟怀坦白，相信疑团是会解开的。当遇到陌生人，对陌生人产生怀疑是一种正常的防备心理，但也不要动辄疑神疑鬼，应当在交往中认真观察和了解他人，把握其性格、处世方法等，即努力去从本质上认识对方，了解对方，以消除疑虑。

3. 要用理智的力量克制冲动情绪的发生。当发现自己怀恨别人时，应当立即寻找产生怀疑的原因。在没有形成怀疑思维之前，引进正反两方面的信息，不要轻易提出为自己的怀疑服务的单方面依据。

4. 要学会自我安慰。每个人在生活中遇到别人的议论，与别人产生误会是常见之事。如果觉得别人在怀疑自己，应当安慰自己，暗示自己不要为别人的闲言碎语所困扰，甚至可以为受到别人的注意而自鸣得意，以此来自我解脱。

5. 培养自信心。寸有所长，尺有所短。每一个人都应当看到自己的长处，培养起自信心，相信自己能与周围人处理好人际关系，

会给别人留下良好印象，这样也就不会疑心别人。

6. 正确对待别人的怀疑。在受到别人怀疑时，首先不要意气用事，要冷静分析受怀疑的原因，用事实来打消对方的怀疑。其次要胸怀坦荡，"身正不怕影子歪"，来克服自己多疑的心理。

7. 克服偏激心理

随着人们心理健康知识的增加和心理健康意识的提升，越来越多的"心理问题"成了人们关注的焦点。偏激心理就是其中之一。

偏激是指人的意见、主张等过火，这种心理多存在于中学生中。性格和情绪上的偏激，是做人处世的一个不可小觑的缺陷。性格和情绪上的偏激是一种心理疾病。它的产生源于知识上的极端贫乏，见识上的孤陋寡闻，社交上的自我封闭意识，思维上的主观唯心主义等等。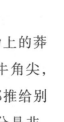

偏激一般表现为认识上的片面、情绪上的冲动以及行为上的莽撞。具有偏激心理的中学生对待问题总是固执己见，爱钻牛角尖，整天怨天尤人，按照自己的好恶评判任何事情，什么错误都推给别人，无理也要争三分，易受他人的暗示和引诱，常常是不分是非，不顾后果，因此朋友特别少。

小九出生于一个贫困的家庭，但是父母和姐姐们都非常疼爱他，当他是宝，什么事情都依着他。由于家庭的贫困，父母让他的姐姐休了学，外出打工挣钱，供他上学。而他确实非常争气，学习很好。每次姐姐外出回家，都会给带好多东西，有的是给父母的，有的是给他的，但不管是父母的，还是他的，他都要先拿到自己的房间放上一段时间，能用的，他尽量用，不能用的放几天再还给父母，或者干脆毁掉。为此，姐姐常常说他，而他的父母却表示没事，只要他好好学习，有出息就行了。而他仗着父母的宠爱，不把姐姐的话听在心里。有次，她的姐姐帮父母买了一些补品，而他非要吃，姐姐终于又忍不住说了他，而他竟然说："你管得着吗，你以为你是谁啊，敢管我，你不就是挣了点钱吗，有什么了不起的。"

偏激心理的产生原因

心理的差异是自然就形成的，是中学生在日常的生活中所具有的一种特殊的心理特征，这也往往与一些原因有关：

1. 青春期心理。中学生的生理和心理发育不平衡。中学生正值青春期，开始对自然世界、社会生活、人际交往等问题进行思考，并形成了一些自己的看法。由于你们思维发展水平的局限，加之你们的新陈代谢旺盛，内分泌功能迅速发展，大脑皮层的兴奋程度常常迅速地增强或减弱，情绪容易波动不安，出现偏激认识和冲动行为。再者，在身体发育的时候，你们容易惊慌、恐惧、不知所措，尤其是第二特征的出现，让你们自己觉得身体已经是个大人，可是心态还停留在孩子的层次，对问题考虑得不周到、不深刻，语言表达不够完整，喜欢用肢体语言来表达感觉，所以，那个时候你们的反应是急风暴雨式的，容易惹祸，爱做比较偏激的事情。

2. 知识贫乏，见识不足。知识经验不足，辩证思维的发展尚不成熟，不善于一分为二地看问题，往往抓住一点就无限地夸大或缩小，自以为看到了事物的全部，极易出现以偏概全的失真判断，导致错误的结论。知识上的极端贫乏，思维上的主观唯心主义等等都是偏激心理产生的根源。

3. 受父母不好的行为习惯影响。比如，有一个孩子的父亲在一次竞岗中，受到不公正待遇而落选，回去后难免发一些偏激的感慨

"这什么世道啊，XX 哪点比我强，只不过仗着他老子是 XX"。说者无心，听着有意，你们嘴上不说什么，但心里却记住了，如果以后与某人发生矛盾可能就会说出一些偏激的话来。

怎样克服偏激心理

*1. 克服偏见思想。*偏激的人易用主观构造的理想模式去套客观现实，因而脱离实际地苛求他人。要克服偏激，首先，要克服认识的偏见，学会全面、客观地分析处理问题。其次，要善于站在对方的立场上体谅他人的处境和困难。

*2. 冷静行事。*偏激急躁的人易出现行为偏差，把好事办坏。如果知道自己有思想偏激、容易急躁的毛病，就要学会控制自己的情绪，遇事要提醒自己冷静，切忌感情冲动，急于作出反应。如果对社会或单位上存在的弊端有看法，发议论一定要注意场合、对象和分寸，否则，有可能与自己原有的积极动机相悖，带来消极的影响。

*3. 学会等待。*偏激急躁的人，往往急于求成。这就要求学会等待，因为解决某个问题，完成一个任务，总是要等一定的主客观条件都成熟时再行事。强者既有意志，又能等待时机。

*4. 善于自我调节。*克服偏激急躁的毛病，还要善于自我调节不良的情绪。要培养乐观向上的精神，不要为眼前的成绩得意忘形，更不要因小事而伤肝动怒。通过自我暗示法提醒自己在遇到强烈刺激的时候，要耐心、冷静。此外，让家人和朋友在自己偏激急躁时，及时提醒开导，也是一种有效的方法。

5. 加强意志力的锻炼。

*（1）*中学生要明确自己行为的主要目标，严格规范自己的行为，"当行则行，当止则止"，提高自我控制能力。

*（2）*从小事做起，从今天做起，逐步磨炼意志。高尔基说："哪

怕是对自己的一点小小的克制也会使人变得强而有力。"一味地放纵自己，原谅、迁就自己，只能使自己在错误、缺陷、恶习的斜坡上越滑越远，最终不能自拔。

（3）坚持参加体育锻炼。在严寒酷暑中经受磨炼，培养勇敢、顽强、坚韧、机智、果断、团结、互助等良好的意志品质，有效地增强自控能力。

6. 丰富知识经验。中学生由于生活经验少，知识面窄，看问题就容易"只见树木不见森林"。此时，可试着拓宽自己的兴趣范围，多参加社会实践与人交往。俗话说："百闻不如一见"。只有积极参加各种活动，多走向社会，接触生活，进行调查研究，经常与他人交往沟通，才能减少偏激性，减少思想上的幼稚性，慢慢走向成熟。

8. 克服自私自利心理

自私是指只顾自身的利益，不顾他人、集体和社会的利益，这是一种病态社会心理。自私之心是万恶之源，贪婪、嫉妒、报复、吝啬、虚荣等病态社会心理从根本上讲都是自私的表现。一般有自私心理的人主要表现在不讲理，对什么事都斤斤计较、缺乏同情心和爱心，把自己的东西看得最重要，不管别人的利益是否受到损害。有自私心理的人心中。．

一般自私的中学生嫉妒心很强，心中只有自己根本容纳不下别人。黑格尔曾说"嫉妒是平庸的情调，是对卓越才能产生的反感"。如果谁的能力比他强并取得了好成绩，甚至容貌、身材等超过他，他就会感到不舒服，就会想办法诬陷或为难比他强的人。这种不良的心理现象害人又害己，严重地影响了中学生的身心健康。当周围人的本事比自己强，或别人取得了好成绩时，他都会感到难受而老想方设法诋毁、诬陷、为难比他强的。

自私的人会斤斤计较个人的胜败得失，整天处于小算计之中。如此一来，就难以把目光投向远大的人生目标，自然也就难成大气。也就是说自私会消磨意志，使其不会有大的作为。

自私会损害同学之间的人际关系。一个过于自私的人是不会乐于帮助别人的，因此他也往往不会得到别人的帮助，得不到关心和爱护，相反，很多同学和朋友可能因为他过于自私而疏远他、蔑视他、敌视他。这样，自己就会觉得孤立无援，就会丧失对学习、对生活的乐趣。自私的人即使对父母也是自私的。现实生活中有很多人在成家后，仍然缺乏对父母的孝心，仍然算计父母的为数不算少。

王妈妈感冒发烧好几天了，全身一点力气也没有，女儿不仅没关心问候她，每天还像往常一样等着她做饭、泡咖啡、冲牛奶，而且不管费事不费事，仍点着要妈妈做她平时爱吃的饭菜。她想责怪女儿不懂事，但一想到女儿每天学习那么紧张，嘴边的话就没说出来。但让她没想到的是，星期天女儿突然来了兴致，要去郊游，还生拉硬扯着要母亲陪她一块去。

王妈妈此时头晕无力，对女儿说："孩子，妈实在去不了，妈妈下地走几圈都没力气，要不你自个去吧。"谁知女儿一跺脚，任性地说："妈！你平时不总说是为我活着嘛！我就要你去！叫我一个人去游东湖，想照张相还得求别人，一点儿意思也没有！"

王妈妈女士说："孩子，妈真的去不了。"

"去不了也得去！"女儿蛮横地说。

母亲拗不过女儿，只得陪女儿一起去十几公里外的东湖，结果回来就住进了医院。

自私心理的产生原因

现在的社会，中学生们常常是"衣来伸手，饭来张口"，对于别人什么情况毫不关心，甚至很多还是不知道为什么自己会这样自私自利：

1. 独生子女的特殊性。很多中学生都是独生子女，在家中是父母唯一的孩子，受着父母的宠爱，家里有什么好吃的东西都先尽你们一个人享用，有什么要求父母都会给你们尽量的满足，久而久之，自然而然地使他养成了自私的毛病。加之你们没有兄弟姐妹，缺乏合作、分享、谦让、奉献等集体生活的经验，容易形成以自我为中心的思想观念。

2. 缺少正确的引导和教育。当人生下来时，他的自我概念如同一张白纸。经过无我有物、有我无物和物我整合三个阶段的顺序发展，儿童健康的自我概念才逐渐发展出来。由于家庭教育方式的不当和社会的消极影响，有些儿童一直停留在有我无物的阶段，并没有把主观和客观、自我和环境有机整合起来。这种由自我概念发展障碍所导致的自我中心意识在行为表现上就是自私和没有责任感。自私是不健康的自我观念，同时又是其他异常心理和行为的根源。

此外，陶行知曾经说过："每天的一举一动，都要引他到最高尚、最完备、最能永久、最有精神的地位，那方才是好学生。"可是不少学校在考试的指挥棒下，追求升学率，重视对学生知识和技能的传授，而忽视了对学生个性发展的正确引导和教育，于是使一些中学生变得越来越自私。

3. 社会原因。现在的社会中，流传着这样的话：人不为己，天诛地灭。这确实是一种普遍的现象。如果你不自私，那么就会被别人抢先或者是自己根本就没有机会，而中学生的认知不是很强，很容易受这种思想的影响。

如何克服自私自利心

1. 自省法。 自私常常是一种下意识的心理倾向，中学生只考虑自己的利益，不顾及社会和集体的利益，有这种心理的中学生，往往集体观念比较弱，只为个人的前途和利益着想。要克服自私心理，就要经常对自己的心态与行为进行自我观察。观察时要有一定的客观标准，就是社会公德与社会规范。而要反省自己的过错，就必须加强学习，更新观念，强化社会价值取向，向毫不利己、专门利人的模范学习，对照榜样与模范找差距。并从自己自私行为的不良后果中看危害找问题，总结改正错误的方式方法，从而改正自己的错误。处处为他人和集体着想，尊师守纪，勤奋学习，慢慢地就走出自私的心理。

2. 多做利人的事。 一个想要改正自私心态的人，不妨多作些利他行为。例如关心和帮助他人，给希望工程捐款，为他人排忧解难等。此外，也可以从一些小事情上来改变自己的品德，如：可以从让座、借东西等，从他人的赞许中得到利他的乐趣，使自己的灵魂得到净化。此外，在家时要多做些力所能及的家务劳动。例如：整理自己的房间，洗衣服，为下班回来的爸爸妈妈倒杯热水等。这样不仅能体验到父母的艰辛，还能培养自己热爱劳动和独立自主生活的能力，从而克服自私的心理，让自己拥有一个宽阔无私的心态。

3. 回避性训练。 这是心理学上以操作性反射原理为基础，以负强化为手段而进行的一种训练方法。通俗地说，凡下决心改正自私心态的人，只要意识到自私的念头或行为，可以用手掐自己，让自己从痛觉中意识到自私是不好的，促使自己纠正。

9. 克服自卑心理

自卑心理是生活中常见的一种心理现象。所谓自卑，是指一种通过不合理的方式，尤其是过多地与他人进行不科学的比较而产生的自我否定、自惭形秽的心理体验，是一种较低的自我评价。拥有自卑心理的人通常经不起较强的刺激，心理承受力较脆弱，做事不自信、顾虑重重、多愁善感，常处于孤僻状态，总是畏首畏尾或随声附和，自己没有一点主见，一旦遇到错误或是有些事情没有做好就以为是自己不好而造成的，尤其缺乏人际交往。

自卑心理对个体的人际交往有很大的影响，特别是中学生时期对社会各方面的信息还都没有较好的判断能力，具体到人际交往方面，总觉得自己"在人际交往方面很差"，"语言表达能力也不行"，"别人不喜欢我"等等。有这种观念的中学生不能客观地评价自己和身边的人，他们只能看到自己的缺点，而发现不了自己的优势，对别人的说法、评价过分在意，而且特别希望取悦他人，当然在人际交往上总会出现这样那样的困惑。

调皮的王强在初中一年级时出于玩笑，把同桌新买的手表藏了起来，同桌非常着急的找心爱的手表，王强却觉得非常有意思，因为没有及时交还同桌手表，在其他同学的帮助下，终于在他的书桌中找到了。此后，同学们一致认为他是小偷，之后也没有同学愿意和他做朋友了，一看到他就叫他小偷，在老师与父母得知此事后也对他进行了责骂甚至体罚。慢慢地，王强的身边没有了朋友，而且做任何事情都很小心翼翼，稍有不对就会遭到同学们的白眼和辱骂。于是，他开始害怕去学校，无时无刻都想逃离学校。虽然之后为此换了学校，但他对学校的害怕很大程度的影响了他的学习与正常的生活，内心还是有不可跨越的一道心理障碍。

客观的看，王强是因为没有良好的人际关系才害怕去学校的。但从心理学的角度来看，王强所表现出来的"厌学"害怕同学们的白眼与辱骂，完全是心理原因造成的。原本是一个玩笑，但却使同学们对自己有了错误的评价，久而久之产生了自卑心理，之后无论做什么事总是担心别人对自己有过低的评价，对自己没有自信，悲观失望的心理总会使自己轻易放弃某件事情，自卑心理的形成原因事实上是比较复杂的，是生理、心理方面的原因，也有家庭、学校与社会因素的影响。家庭的责骂、同学的白眼、社会的舆论等都使王强受到了过大的心理压力，从而导致了自卑心理的产生。在之后的生活中，王强的自尊心屡受挫折，因羞耻感地不断加强，导致了自我否定意识的形成与发展。伴着这种消极的自卑心理，智力、做事能力、人际交往等都表现的不如别人。

自卑心理产生的原因

自卑心理对中学生的身心健康有着决定性的作用，它是性格上的一种缺陷，一旦形成就会对自己失去信心，总觉得这也不如别人，那也不如别人，而导致心理上产生胆怯、忧伤、失望的心理障碍。

当一个人的自尊得不到满足时，他就不能恰如其分地展现自己的特长，此时最容易产生自卑心理，尤其是尚未成熟地中学生时期。当中学生产生自卑心理后，往往会怀疑自己的能力，发现自己能力得不到重视时就会开始自闭，原本通过努力可以实现的事情，你们也总会认为"我做不到"而放弃争取。

一般引起中学生自卑心理的主要原因有以下几方面：

1. 外貌和体形。如五官不够端正，过瘦、过胖、口吃等缺陷造

成的；比如，因为班中有位同学因身材不好而引起其他同学的嘲笑，就很容易产生自卑心理，并且认为同学们看不起他，使他认为自己的言谈举止及人际交往能力均不如别人。

2. 社会环境。如出身贫寒，经济条件差，学历低等。

3. 生活经历。如情场失意，当众出丑、被人嘲弄等。

中学生的自卑心理常具有敏感性和掩饰性，你们总是从别人的言谈举止中寻找与自己有利的评价；因为总是担心被别人知道自己的缺陷，常常刻意的掩饰或否认，从侧面表现出较强的虚荣心。

拥有自卑心理的中学生，常具有以下几种心理缺陷：对一切事情过于敏感，因而很容易遭受挫折；没有自我形象，常把自己封闭起来，以掩饰自己的弱点；没有正确的竞争意识；一心倾向于超越现实的幻想世界里，缺乏参与社会活动的积极性，有严重的孤独感。

如今，中学生的人际交往问题越来越受到人们的关注，一方面由于处于中学生时期过分渴望与人交往；另一方面则并不乐观，经研究发现，中学生人际交往的状况使人担忧。1997 年在对 500 名中学生调查中发现，其中 73.3% 的学生有交往困惑或障碍，其中有 57.4% 的学生在人际交往中有心理障碍。由此而导致之后进入大学或走向社会后的人际交往与自卑心理二者间的因果关系中发现，自卑心理与人际关系和谐存在着重大的关系，即自卑心理越严重的人其人际关系和谐程度越低。

可见，人际交往的问题在中学生中具有普遍的影响力。造成中学生人际交往的这种不乐观的因素是多方面的，其中个体自身的一些心理因素是主要原因，其中羞怯、恐惧、自卑、嫉妒心理等都是导致中学生人际交往的重要障碍。而自产自销的自卑心理是较为突出的一个影响中学生人际交往的因素。

如何克服自卑心理

1. 要客观地进行自我分析，进而消除自卑心理。因为中学生的心理经不起困难和挫折的打击，因而要客观地进行自我评价，不光要看到自己的短处，还要如实地发现自己的长处，否则一旦遭受挫折，就很容易变的堕落并产生自卑感。曾有这样一句格言深受马克思的赞赏：你所以感到巨人高不可攀，只是因为自己跪着。不信你站起来试试，你一定能发现，自己并不注定比别人矮一截。只有客观地进行自我分析，才能消除自卑心理。

2. 面对挫折，走出自卑的阴影。人之所以会产生自卑心理，往往和心理封闭有关系。而心理封闭又往往是在再现自己过程中受到挫折而导致的。"失败乃成功之母！"任何人的成功都是在失败的基础上才得到的，失败之后不要气馁，总结失败的原因，使自己积极的去对待。继续用自信来表现自己，去承受厄运的挑战。

3. 克服自卑心理，重拾自信。克服自卑的心理障碍，关键在于思想上的转变。在与人相处中，要善于表现自己，做到扬长避短。选择适时的机会发挥自己在人际交往中的优势，尽可能的表现自己。这样，就可以在人际交往中找回属于自己的天地，从此消除自卑感，增强自信心。

总之，中学生要克服自卑感，就要清楚知道自己的优势与缺点，并在此基础上正确地评价自己的能力，做到胜不骄败不馁。积极的发现自身的优势，扬长避短，尽可能地发挥自身的潜能，使自己在人际交往中找到属于自己的空间。

10. 过分羞怯影响正常发展

羞怯是中学生常见的一种逃避行为，它的表现形式是多种多样的。在日常生活中，经常看到这种现象：有的人在路上碰到熟人因怕羞故意躲避；有的人不敢在大庭广众之下讲话，一讲就会手足无措、脸红舌硬。在心理学上都称为怕羞心理。有人做过调查，在1000名女孩中，约有35%的人都认为自己有胆小怕羞的心理。青春期的女孩，与男孩相比，更容易受到羞怯情绪的困扰。即使是男孩，不像人们通常以为的那样，也常常会因为自己的羞怯心理而感到烦恼。

羞怯的心理每人都会有，只是轻重不同而已。从心理学角度看，羞怯是内心深处的胆怯、自卑、不自信等常见的外在表现。时间久了，会形成紧张、焦虑、恐惧等不良情绪，这种情绪会潜移默化地影响了中学生与他人的沟通与交流，使中学生得不到健康的成长。

"从小我就非常内向，平时见人就脸红，更为严重的是，我几乎不敢在课堂上回答问题。每当上课老师提问时，我都把头埋在书里，不敢抬头与老师的目光对视。而一旦被叫起来回答问题，我就站也不是，坐也不是，有时还浑身发抖。我记得有一次班会，老师要求我上台给大家唱首歌。我低着头半天发不出一点声音，我感觉全班同学的眼光都在盯着我，那一刻，我恨不能从地缝里钻进去。虽然大家鼓掌给我鼓励，但最终我还是一声不吭地从台上跑了下来。"

羞怯心理产生的原因

陌生的场合让中学生有时不愿意去接触，很多的时候你们其实也是很想去接触一些事物的，但是有时只是"情非得已"，其中是有原因的：

1. 家庭环境的影响。据有关人士调查，大多数有羞怯心理的中学生，其父母也存在着一定的羞怯情绪，在别人面前说话或办事表现得畏畏缩缩。另外，因为父母经常打骂或责备你们，这样不仅使你们缺乏交流和亲情，还会让自己认为低人一等，由此产生羞怯自卑的心理。如果父母经常否定你们，从不或很少表扬和鼓励，就会造成你们自卑的心理；或者父母对你们过度照顾，不让你们参加社会活动，承担社会责任，使得你们的交往能力减退，这些都会造成你们在社会交往方面的障碍。

2. 害怕心理。有的中学生特别害怕别人的亲近，对别人不信任、多疑，担心接触多了被别人知道自己的内心世界。

3. 有时是学校环境导致的。你们在成长过程中，学校是一个重要的成长因素。因为成绩好坏的差异，往往会受老师和同学的批评或责备，时间长了就形成害怕、羞怯的情绪，总觉得自己比别人差，不敢与他人交往，用退缩或逃避的方式来保护自己受伤的心灵。

4. 对环境的适应。对现在激烈竞争的社会环境不适应，缺乏特殊的社交技巧，无法进入社交氛围，从而产生羞怯的心理。

5. 缺乏自信和实践锻炼。有些人总认为自己没有迷人的外表，没有过人的本领，属于能力平平之辈，因此你们在交往中没有信心，患得患失。长期的谨小慎微不仅使你们体验不到成功的喜悦，而且使你们更加不相信自己的能力。加之多数学生生活环境比较顺利，缺乏实践锻炼的机会。这些往往是害羞的重要的原因。

6. 遗传因素。如果父母天生个性属于内向、害羞者，那么你们就容易出现害羞、怕生的个性。

7. 不安全感作祟。你们在小时候会对父母产生强烈的依赖感。如果此时不注意影响他，容易造成你们对人产生畏缩、不信任感，而间接影响你们日后与人相处的关系。

8. 个性差异。每个中学生的个性气质都不相同，有的内向、害羞、退缩；有的则是活泼、大方。如果你们生性内向、害羞或胆小，

必然比较容易怕生。

9. 挫折的经历。据统计，约有四分之一害羞的成人在儿时并不害羞，但是在长大后却变得害羞了。这可能与遭受过挫折有关。这种人以前开朗大方，交往积极主动，但由于复杂的主客观原因，屡屡受挫而变得胆怯畏缩、消极被动。

10. 太在意形象。处在青春期的你们不仅注重自我形象，而且还注重别人对自己的看法，关心自己在人们心目中的形象。但如果这种现象过于超出常态，久而久之，便会成为一种心理上的束缚，以致不恰当地约束自己的言行，怕与人交往，怯于在公开场合讲话。即使在和他人交往时，也会表现得无所适从、语无伦次，不但不能畅所欲言，反而过多地约束自己的言行。有时和朋友也不能坦率地表达自己的思想感情，使之无法正常沟通。

如何克服羞怯的心理

1. 克服自卑感，提高自信心。羞怯是内心不安的一种反映，它也是人的自卑感在作怪。自卑感的产生源于对自身盲目的否定。自卑感是自我意识的消极因素。羞怯者应认识到，人人都有其优势和长处，也有劣势和短处。那么不妨画一张表，标明自己的优缺点，牢记自己比他人优越的地方，确认自己是有才能的，然后便充满自信地去参加社交活动。经过一段时间，自卑心理便会逐渐消失。这样做实际上是自信心的培养与锻炼。要让别人承认自己，必须先得到自己的承认。不要对别人如何评价自己太敏感、太介意，要学会正确、客观地评价自己。自问一下："我真的不如人吗？""我真的不能向他人那样交谈、处事吗？"如果不是这样，你就无须为此担心；如果真是这样，也没什么大不了的，只要今后把注意力放在如何改进上即可。

2. 松弛训练法。当你的心理感到紧张、心跳过快的时候，可以转换一下视线、变换一下姿势、说两句寒暄之类的话，这样就可以克服羞怯心理。

3. 提高社交技巧。中学生往往会出于羞怯而担心别人瞧不起自己，因此也不去交友。这时就要鼓励自己多结交朋友，让自己在生活中找个没有羞怯心理的伙伴作为自己学习的榜样。其次，要多参加有益的公众活动，如果能够找到自己感兴趣的活动时，就会很容易摆脱羞怯。

4. 模仿法。经常有意识地注意观察和模仿一些泰然自若、善于交际、活泼开朗的人的言谈举止，对照自己的弱点加以克服，并根据自己的气质形成自己的风格。

只要我们勇敢一些，坚持用以上的方法来训练自己，就能克服在和人打交道时的羞怯心理。

5. 要有克服羞怯心理的勇气和意志。许多中学生想要改变自己这种不受人欢迎的羞怯个性，却缺乏这种勇气和意志。其实，在这个世界上有很多著名人物都曾有过羞怯心理，如美国前任总统卡特及他的夫人、英国的王子查尔斯、著名的女影星凯瑟琳·赫本等都曾坦率地承认自己曾经是一个十分怕羞的人。可是，经过他们有意识的磨练，最终克服了羞怯心理，取得了令人瞩目的成就，最后都成为了社交界的明星。所以，有羞怯心理的中学生，只要你有坚定的信念，用持之以恒的态度，一定能战胜羞怯心理。

6. 勇于和别人交往。向经常见面但说话不多的人如邮递员、售货员等问好；与人交往，特别是与陌生人交往，要善于把紧张情绪放松。使用一些平静、放松的语句，进行自我暗示，常能起到缓和紧张情绪，减轻心理负担的作用。

7. 挖掘自己的特长。中学生要善于挖掘自己的特长，使自己在某个领域中成为最优秀的。有很多中学生因为孤陋寡闻、平庸无能，造成与别人没有话可说，并且对自己的成就也不欣赏。如果中学生能够在某个领域中掌握常人所没有的知识和技巧，那么，就会因为自己的一技之长而增加自信心，从而，结交更多的朋友战胜羞怯心理。

8. 多参加社交活动，千万不能采取回避态度，要在实践中掌握克服羞怯心理的有效方法。要在与人接触中，学会如何对待别人的问候或恭维，如何与陌生人进行开场白，学会如何让谈话继续下去或中止谈话的技巧。锻炼在公共场合说话的本领，提高语言表达能力和技巧。多参加文体活动，扩大人际交往的圈子，这样你会在各种活动中自然地消除羞怯心理。

11. 克服虚荣心

虚荣是指表面上的光彩，就是追求表面光彩的心理。虚荣是自尊心过分的表现，虚荣心是对荣誉的一种过分追求，是道德责任感在个人心理上的一种畸形反映，是一种不良的心理品质，其本质是利己主义的情感反映。

社会生活中的虚荣心的表现，主要表现为以一种病态的自我吹捧、说大话、吹牛等一系列过激的手段来表现自己，有的隐藏自己的缺点，张冠李戴，把别人的优点好处统统添加在自己的头上，而这种人往往很难交到朋友。

爱好美术的邢某到北京清华美院培训班学习。培训期间，家境贫困的邢某发现了他与班上同学在生活、物质上的差距。于是，邢某先后 4 次盗窃隔壁宿舍 3 名同学的钱款共 1800 元。为满足虚荣心，邢某将所窃的钱财用于请同学吃喝。邢某突然的阔绰和大方，使丢钱的同学产生了怀疑，并向警方报案。

虚荣心理产生的原因

虚荣是一种很不好的社交能力。但是往往中学生随着年龄的逐渐变化，不少虚荣心还是避免不了的。并且经常产生虚荣是由于：

1. 面子观念的驱动。讲面子是中国社会普遍存在的一种民族心理，对面子的珍惜和爱护是昭示和维护自己荣誉、身份、地位的直接表现。每一个中国人从小就受到维护面子的心理训练，丢面子就意味着否定自己的才能，这是万万不能接受的，而这种思想从小就根植在了中学生的心里。因此，中学生为了不丢面子，通过"打肿脸充胖子"的方式来显示自我。跟别人比吃、比喝、比穿等等，有钱人比车、比房、比待遇、比排场等等，这些在现实生活中屡见不鲜，有的人就是通过这种方式来吸引别人的眼球，以求别人的羡慕和赞赏，来满足自己的虚荣心。

2. 虚荣心与戏剧化人格倾向有关。爱虚荣的人多为外向型、冲动型，反复善变、做作，具有浓厚、强烈的情感反应，装腔作势，缺乏真实的情感，待人处事突出自我、浮躁不安。

3. 掩盖心理缺陷。拥有虚荣心理的中学生，往往是为了掩盖自卑与心虚等深层心理缺陷。虚荣心较强者，大多存在自卑与心虚等深层心理缺陷，为了弥补这些缺陷，想方设法，竭力追求浮华。

4. 不正确的价值观。由于中学生对道德品质认识的不够深，对人格的重要性不明了，会盲目地追求或显示自己的虚荣心，这种庸俗的思想行为往往只能迎来鄙视的目光，而受不到别人的尊敬和信赖。

如何克服虚荣的心理

1. 要做到自尊与自重。要做到自尊与自重是克服虚荣心最起码的标准。做人要诚实、正直，绝不能为了一时的心理满足，不惜用人格来换取。有的少女为了满足物质的需求，牺牲自己最宝贵的贞操，是值得深思的。只有把握住自尊与自重，才不至于在外界的干扰下失去人格。

2. 要有正确的人生目标。一个人追求的目标越高，对低级庸俗事物就越不会注意。一位名人说得好："虚荣者注视自己的名字，光荣者注视祖国的事业。"

3. 对荣誉要有正确的认识。我国古代诗人屈原说："善不由外来兮，名不可虚假。"希望得到别人的尊重是正常的，但这种尊重的基础是自己的有所作为，而并非无所作为、弄虚作假。否则，即使眼下得到尊重，终有一天也会露出麒麟皮下的马脚来。

4. 增强自我意识，不计较他人议论，"人言可畏"和"谗言毁人"那都是他人的事，管不了人家，还不知道自己。只要自我意识强了，他人之言你不会在意的。只要自己做对了，"可畏"之言，自然就会消失。

5. 要有自知之明。自知之明包括对自己的长处和短处都有清晰的认识。过高估计自己的长处，实际生活中达不到；过低估计自己的短处，实际生活又难以尽免，都会产生虚荣做法，承认自己有这么多长处，坦白自己有这么多短处，实事求是地对待自己，虚荣心理的基础就会大大削弱。

12. "哥们儿义气"讲不得

中学生处于人生发展的重要阶段，其人生观、世界观还没有定型，对各种信息还没有正确的判断力，很容易染上社会中的一些不良习气，导致一些人际交往中的困难，甚至因此而造成心理障碍；对此，本章通过全方面的总结，对中学生交往中常见的心理误区做了细致的分析，使之更好地与他人交往，最终使他们心理健康发展。

在封建社会中的曾被大肆推崇的路见不平、拔刀相助的江湖义气，如今变成了现在中学生中奉为信仰的哥们义气。物以类聚、人以群分，你们呼朋唤友、称兄道弟，趣味相投、抱成一团。为了所谓的义气，你们是非不分、丧失原则，甚至违法犯纪、胡作非为，最终成为义气的牺牲品。在不少人眼中，"义气"一词的含义已经发生了畸变，狭义地成了"为朋友两肋插刀"。

其实义气是讲原则的，如果不辨是非，不顾后果地迎合朋友的不正当需要，这种义气就是一种无知和盲从，是与现代文明社会极不相容的。人之相知，贵在知心。如果与心术不正的所谓"朋友"纠缠不清，自己就可能陷入一个不辨东西的迷魂阵里，从而害人害己。据有关资料显示，在一个少管所里，中学生罪犯中有78%的人是受"哥们义气"的影响。

小磊打伤了小俊的哥们小阳，为了替自己的好朋友报被打之仇，小俊约了五六名朋友在舞厅门前晃悠，准备报复小磊。为了防止在斗殴中吃亏，小俊事先将带来的菜刀藏在了附近的一棵小树下。正当小俊感到烦躁时，忽然有人在他的肩膀上拍了一下，小俊回头一看认出是以前在一起打过牌的朋友小郭，在小郭身后还有十几个同伴。小郭说自己是受小磊之托前来说和这件事的，小磊打伤小阳是场误会，希望大家看在他的面子上化干戈为玉帛。小俊不愿意，非要小郭把小磊交出来。而小郭坚持不说出小磊下落来。结果两个人反目，小郭一拳正好打在小俊脸部，愤怒的他立即扑向小郭，与小郭扭斗在一起。小郭的同伴一看小郭在打斗中处于下风，立即一轰而上将小俊团团围住，小俊的同伙见状也不甘示弱，冲上去与小郭一伙混战在一起。小俊一伙人少，打不过小郭。看到这种情形，小俊立即跑到小树地下操起那把菜刀，向小郭他们一伙砍去，迅速反败为胜，将小郭等一伙人打得七零八落，四散而逃。小郭见状不妙扭头准备逃离现场，小俊迅速上前将他拦住，小俊在小郭的脖子和右膀子上各砍了一刀。小郭由于心中害怕瘫倒在地上，而小俊等一伙人见事情闹大了，立即分头逃跑了。

义气心理产生的原因

社会的发展也在不断地影响到你们的人际交往，电视里、电影里很多的关于"兄弟"之间的感情也在逐渐蔓延向中学生群体，但是，引发中学生热衷于哥们义气的主要因为：

1. 受到不良信息的污染。许多中学生在看了电视中所播放的电视剧之后，被故事情节中的哥们义气所感染。同时，也为了满足强烈的物质欲望和精神空虚，寻求各种刺激，在情调相同的情况下，结成团伙，自觉或者不自觉的走上了犯罪道路。

2. 义气与友谊不分。凡团伙成员都具有浓厚的哥们义气思想，违法犯罪中学生在道德观念上颠倒是非，善恶不分，把哥们义气关系奉若神明，认为它是处事和衡量友谊的一个标志。其实，哥们义气与友谊是截然不同的。中学生渴望友谊，但是千万不可误把哥们义气当作友谊。诚然，友谊需要互相理解和帮助，需要义气，但这种义气是要讲原则的。如果不辨是非地"为朋友两肋插刀，甚至不顾后果，不负责任地迎合朋友的不正当需要，这不是真正的友谊，也不是真正的义气。

3. 交友不慎。交友是中学生社会交往中非常重要的事情。伙伴之间常常是互相模仿，互相影响，彼此常常是无所不谈，可以互诉苦恼、互相同情。两代人之间的代沟常常使你们从伙伴那里得到温暖和力量，有时甚至可以达到言听计从的程度，为哥们义气可以"上刀山、下火海"，在所不惜。而对父母和教师的教导和劝告，常持怀疑和忽视的态度。

4. 分辨是非能力太弱。 由于中学生大多文化素质较低，分辨是非能力较差，其处世的无知性、盲目性很难应付来自社会各方面的影响，经不起诱惑，很容易被别人拉拢、利用，或控制不住自己的情绪，意气用事，不计后果等，从而走上了犯罪的道路。

如何克服义气的心理

1. 分清友谊和哥们义气。 有些中学生分不清友谊和哥们义气。友谊应该是人与人之间的一种真挚的情感，是一种高尚情操，友谊使你赢得朋友。当遇到困难和危险时，朋友会无私帮助；如果有了烦恼和苦闷时，可以向朋友倾诉。而"哥们义气"源于江湖义气，会为"哥们"私利而不分是非，不讲原则。常常干出一些蠢事，甚至不惜坠入犯罪的深渊。

2. 要学会控制自己的情绪。 冲动是魔鬼。许多中学生都是由于一时情绪失控，没有考虑清楚，而走上犯罪道路的。所以中学生一定要学会控制情绪，不要听说朋友被欺负，就愤怒的不得了，要找别人报仇。

3. 不要盲目的从众。 许多犯罪的中学生，都具有这样的心理，就是别人都去帮朋友，我不能不去，根本不考虑事情的严重性。结果朋友没有帮到，反而害了自己。

4. 提高自己明辨道德是非的能力。 由于自我意识的飞跃发展，中学生非常注重自己在同龄人群中、在朋友中的地位，你们渴望得

到别人的尊重和接纳。有时碍于朋友的面子，只要是伙伴的提议，你们一般不会判断是与非，就全力以赴，这种错误的认识多已成为学生自我权衡的标准。因此，中学生应改变认知，提高自己明辨道德是非的能力。

5. 培养自己的自控能力和独立处事的能力。自控能力和独立处事的能力使中学生能够清醒地认识自己在何时该讲哥们义气，何时又该放弃哥们义气。因为同伴关系的持久力、内聚力对中学生的成长发挥着巨大的作用，也影响着你们接受错误教育后能改正的程度。而自控能力和独立自控的能力在这时就派上用场了。

13. 杜绝小心眼

"小心眼"的人，做什么事情都自私自利，斤斤计较；先考虑的是自己的利益，然后才考虑集体和他人的利益；只有占人便宜，而绝对不会让人占便宜；只想别人围着他转，而不肯帮助一下别人；只听得进恭维的话，批评的话一句也听不进。

从心理角度来说，"小心眼"会破坏人的心理平衡，妨碍人际间的正常交往，甚至会影响一个人的身心健康。有"小心眼"的人往往心过于狭隘，把个人利益看得过重，一旦个人权益受到侵犯，便闷闷不乐，甚至进行打击报复。而且，有"小心眼"的人又极易受外界的暗示，经常疑神疑鬼，内心经常处于矛盾之中，这样，久而久之，就会引发心理障碍了。

此外，具有"小心眼"的人意志也很薄弱，办事刻板。谨小慎微，有时发展到怯场、自我封闭的程度。由于"小心眼"的人所做的种种行为，不得不让朋友"敬而远之"，可以说"小心眼"的人是很孤独的。

小慧出生在一个贫困家庭，从小父母就教她勤俭节约，但父母并没有告诉小慧"勤俭节约"的真正含义。于是，在学校里小慧成了"小气"一员中的一人。平常，小慧问其他学生借文具时，其他同学都会借给他，而当别人向小慧借文具时，即使是一块橡皮，只用一次，小慧有时都磨磨蹭蹭地才借给同学。小慧自从上了初中以后，住的是宿舍。在宿舍里，同学关系都特别好，经常买一些小零食之类的食品，每次都叫上其他同学一起吃，当然其中也包括小慧，而小慧家里穷，但又特别喜欢吃零食，有时买了零食总是偷偷地藏起来，等宿舍没人了再吃。有一次，她的这种行为被同宿舍的另一位同学发现了，告诉了全宿舍的人。从此，宿舍中人再买零食时，便不叫上小慧。

小心眼心理产生原因

其实每一个人都是很完美的，并不是每个人都喜欢小心眼，但是有时是因为一些原因才促成其个人小心眼的产生的：

1. 受父母的影响。在现实生活中，有许多父母当邻居问他们借东西时，总是用各种理由推三阻四，不愿借给别人；还有的父母总是嘴上很阔气，当别人真正用到他时，用尽各种理由回避别人。而这种行径都会被你们模仿下来，并且根深蒂固地种植在心里。

2. 贫穷延伸的小气。由于贫穷家庭的你们从小就养成了节俭的习惯，而又没有正确认识到节俭的真正含义。当别人向自己借东西时，总怕别人不还给自己，或者把自己的东西用完了，弄坏了，而在借给别人东西时，显得小心翼翼。

如何克服小心眼

1. 与人交往中要先人后己。遇到事情时，要先想到别人，再考

虑自己。人生活在世上，总要与别人交往。但须知道，人际之间的交往是有互酬性的，如果你想别人尊敬你，你要先尊敬别人，你付出多少，也会得到多少。但如果在交往中你是一个"小心眼"，事事斤斤计较，为了自己的私利生怕自己吃亏，或者说有点不正常的想法（从交往中捞点好处），这样的话，不管是谁都会离你越来越远，不屑与你交往。因此，有"小心眼"毛病的人，心里要先想想别人，看看到人需要自己帮助些什么，自己能为集体做点什么，而不要总想着自己能从别人身上、从集体当中首先捞到些什么。坚持这样做，"小心眼"自然变作"大心眼"了，这样也可以对自己有大的帮助。

2. 做一个肯理解和容纳他人优点和缺点的人。有"小心眼"的人由于心目中的"自我"过于膨胀，往往会神经过敏，总认为别人的一言一行都与自己有关，都是针对自己的，于是常常处于"庸人自扰"的矛盾当中，弄到人际关系十分紧张，甚至会发展到与邻为敌的地步。其实，对别人的一些议论和看法，不必过于看重，即使确实是针对你而来的，也不妨听之任之，只要自己不做亏心事就行了。因此，在与同学的交往中，你不计较别人，别人也就不计较你了，这就是缩小自我。朋友或同学之间相处，都会有不尽人意的地方，惟一做到的就是宽容。不以苛求的标准要求别人，尊重他人，其实是很容易做到的。更重要的是朋友们之间的友谊，能催人上进的力量就是宽容，而不是批评、指责和说教。

3. 重新认识自我。当你在别人心目中造成了"小心眼"的不良印象，那就要刻意地、认真地改正了。能否改正的关键是集中到去掉一个私字上，正像一位伟人所说的："克制利己主义，把自私的我踩在脚下。"比如在平时，可以主动与人交往，主动解人之忧，修复好因原来"小心眼"而造成的人际关系上的裂痕，借此，来修复自己在人心目中的形象。

14. 不要耍面派

中学生时期，很多都会因为青春时期的心理，变得喜欢搞两面派，在这一边说的很好的话，再去跑到另外的一方去惹是生非。那样，刚开始人际关系维持得还算可以，等时间长了，很多的不合的原因都出来了，从而导致了中学生时期，自己的人缘变得越来越差，最后几乎没什么人敢同这些爱玩两面派的人在一起了。

两面派的产生，也许是由于青春期，你们不懂事才造成的，但是往往就是这种两面派的行为让人难以去理解。

从前，有一个孩子毛毛，他刚上初一，经常爱耍小聪明。没事的时候喜欢和班上的一个孩子明明在一起玩耍，他们聊学习的话题和班上的近段时间发生的事情。但是，不知道为什么，很久毛毛都不怎么去和明明在一起，并且又开始和星星在一起了。他们开始议论明明。但是，每当明明去找毛毛玩的时候，毛毛就会在明明的面前说星星的坏话，说还是和明明玩得好，够朋友。于是，过了一段时间，班上的同学都发现了毛毛喜欢两面派，就不怎么喜欢和毛毛接触了，并且都十分讨厌他的两面派行为。

毛毛的行为就是两面派的最突出的表现，这个事例说明了正处在青春时期，很多的事情你们都是分不清严重的后果的，以为只是好玩或是其他的原因，但是那都是对于自己的人际交往上构成了很大的威胁。

两面派产生原因

你们为什么会有这种两面派的行为呢，难道就不能养成良好的

习惯去努力地改善自我吗？

成因一：

在学校这个大集体中，许多的中学生自己都有自己的与人相处的行为方式，在你们眼中，任何人对你们都是一样的，别人怎么样对自己来说都是极为平常的事情，你们往往是完全不考虑别人的感受，而是自己喜欢做什么事情就去做什么事情，并不是把别人当做是就的人脉里的一部分，而是可有可无的。并且，老师的教育方式也决定了你们的两面派心理的产生，太过于放开你们，让你们从心里觉得如果我这样了，没什么了不起的事情。

成因二：

有些中学生本身的特点是较文静又较聪明的。你们喜欢耍点小聪明，认为如果自己这样对别人了，别人不会有什么样的反应。为了证明自己的聪明，把其他的关系搞得不好，这样有利于自己的人际关系更好，就在行为上采取了一点小措施，为了别人不把自己当做对手，故意使用些两面派的行为，这样更有利于自己在一方的维持人际上的进一步取胜。

如果一旦别人的关系不像自己想象的那样，内心的矛盾心理就会产生，就容易导致自己的情绪上的很大变动，心理上和生理上也不平衡，最后形成两面派的行为。

如何克服孩子两面派

如果你存在"两面派"的现象，千万别着急，下面一些建议你可以试试。

1. 中学生在自己两面派的时候，要学会适当地控制下自己的心态，保持良好额度心灵，多去和其他的同学进行沟通，对于自己的错误，让别人及时地给自己提出，并做到及时地纠正自己的不良的行为，这样有助于个人的两面派心理的快速消除。

2. 同学们发现自己的两面派行为之后，及时地反映给其父母或是老师，毕竟老师和父母都处事比较多，让他们去帮助自己改善自己的不良的行为，使自己尽量走出喜欢两面派的误区。

3. 中学生要学会不管别人的好与坏，都要做到不说其坏话，用和善的心灵去对待他人，而不去用恶意来抵制他人，那样更有利于你们形成良好的行为和心理上的健康。

4. 不管别人怎么样，都要学会真诚地对待同学以及其他人。这样能让对方从心理上知道自己的好处，有利于改善彼此间的友谊，维持一个良好的人际关系。

15. 错误的"英雄观"

随着社会的发展，人们的心理特征也难免存在差异。而从"英雄"这一角度就能反映出某种差异，特别是中学生时期。现代社会，由于经济、文化、体育、卫生事业等方面的全面发展，为人们心理特征的崇拜意识提供了多种的角度。所崇拜的也许是有伟大业绩，为社会作出贡献的科学家，也许是有专业审美观、独特鉴赏力的艺术家；也许是潇洒自如，代表一时时尚潮流的明星；也或许是一名普通的医生……

心理学进一步认为：英雄的崇拜过程本质上是中学生对人生价值的体现与追求，过分地崇拜"英雄"，以求自己也成为生活中真正的英雄，也逐渐地成为了每一个中学生的梦想。人们喜欢某英雄，可以日夜去读他的书，听他的歌，看他的电影，膜拜他的英雄事迹。但是，一定意义上也刺激了中学生的健康成长，让中学生在人际交往上也产生了消极的影响。

小胜正上初一，初中的学习是比较轻松的，刚刚进入校园的他没有太多的学习上以及生活上的压力，所以，他经常爱看一些电视剧。最近，他特别喜欢看一个关于"英雄救美"的电视。每天一放学就跑回家去看。有一次，他看到班上一个女生因为家离学校比较远，天空下着雨，她因为骑着车子，裙子一时被缠在了车的座上了。这时，小胜就脑力里想起了"英雄救美"的画面，很快跑过去去弄女生的裙子，但是不小心把那个女生的裙子给撕烂了。那个女生当时很尴尬。这件事情被班上的同学知道了，班上的同学特别是女同学都嘲笑他并且不愿和他交往，因为觉得他有时太充英雄了。

中学生的英雄崇拜问题，是成长过程中热门的话题。英雄崇拜是中学生情感满足的正常需要，也是其心理成长的里程碑。

心理学认为，英雄崇拜是一种特殊的社会心理现象，它特指由于"光环效应"而形成夸大的社会印象和盲目的心理倾向，把个人喜好的人物看得完美无缺，从而导致高度认同、崇尚并伴有情感依恋的一种复杂的心理行为。这种现象在中学生身上尤为明显。

"英雄观"产生原因

中学生"英雄观"心态面观：

——感情需要。寂寞的中学生心里是需要友情、需要心灵乳液、需要获得情感共鸣……当代的中学生是生活在一个物质丰富而情感贫瘠的环境里，独生子女的现状，使你们缺少父兄们所有的手足情；紧张、繁忙的现代生活节奏使你们的父母很少关注你们的内心世界；这时，以优美的歌喉动情地吟唱温馨的情感、美好的未来、艰辛的人生的歌星们款款而来，歌星们形象新鲜时髦，歌曲委婉、真诚、直逼心灵。在这歌声中，中学生仿佛听到了来自心灵深处的自言自语、迷惑与憧憬，一时间英雄的高大形象在中学生的内心深处滋长出来。并且一发不可收。英雄成了中学生最遥远而又最亲近的朋友。可以说，追求友情，追求心灵的共鸣是中学生追英雄的心态之一。

——向往成功。每个人都渴望成功，而向往成功，也是青年的强烈愿望，英雄们的光环令你们看到成功的荣耀与辉煌。从一踏进校门，抑或从刚刚懂事，你们就被长辈们教导，长大要有出息，要成就一番事业。英雄们的社会知名度和伴随知名度而来的社会中的荣耀，令中学生逼真地看到了朦朦胧胧的成功，你们渴望成为这样的辉煌成功者。于是，你们热情地追随眼前的成功者，抱着这种寻求成功者之所以成功的奥秘的心态，而狂热地追逐着你们喜爱的英雄，从而自己有了一种充当英雄的角色的想法。

——父母的替代品。在这个紧张、繁忙的现代生活中，你们的父母很少关注你们的内心世界。中学生在生理上有了突飞猛进的发展，但心理上的发展却远远滞后。由于生理上的发展，你们认为自己已经长大了，希望能够独当一面，渴望摆脱父母的控制。然而，你们有限的生活经验又使你们不能没有父母的帮助，这种矛盾状况使你们感到很苦恼。因此，你们选择崇拜独立和拥有光荣的社会地位的英雄，希望通过英雄来实现独立自主的目的。从某种意义上来说，就是让英雄来行使父母的权利来控制自己，也就是说你们将英雄作为了父母的代替品。

——追求时髦。这是众多中学生的心态。很多人并没有自己独特的喜好，只是跟着潮流走。社会上流行什么，你们就追什么；现在流行有英雄主义，中学生就去爱好英雄主义的人，自己也梦想当一个伟大的英雄。

——把自己融入团体的一种手段。中学生英雄崇拜也是想把自己融入团体的一种手段。你们追求的是让自己有所归属，是为了让自己和别人知道他属于那个团体。

——寻求刺激。有为数不少的中学生们持有心态而纳入"英雄"行列。这类中学生最初心态也与前一类有共同之处，起初也觉着当英雄是无比光荣的事情，能为人们和社会做好事，能被人们所熟知。不像学生时那么平淡无味，生活没乐趣。

如何克服"英雄观"

中学生永远是对时尚最敏感的人群。任何一个时期的中学生，崇拜的对象一定是在当时社会中走红的人。于是，这就涉及到了整个社会的责任，尤其是媒体应担负起的社会责任。现在的媒体对于英雄宣传得太多，而对于其他领域的优秀人物宣传得太少了。另外，媒体炒作的许多选秀活动，使得一些人一夜之间走红，多多少少也有一些负面的影响。

应该注意到，中学生英雄崇拜的对象，通常是那些更能接近于你们心理需要和年龄特点的人物。英雄崇拜对中学生的影响主要在于个人内在满足，如心理满足、情绪分享等，而不仅仅只是一些外在的表现。而由于受多元文化和多元价值观的影响，中学生的偶像崇拜表现出明显的离散性，也就是说，在中学生普遍存在偶像崇拜的情况下，崇拜的具体对象相当宽泛。可是在父母和教师眼里，这些"光芒四射"的偶像并非中学生理想的学习榜样。从一定程度上说，中学生的偶像选择与教育者所期望的榜样有较大的分离。

中学生在走出自我迷茫、实现自我确认状态的过程中，成人的说教效应相当有限，中学生往往是通过种种自我体验、甚至冒险而达成的，期间也不乏向同伴学习和对榜样的观察学习。心理学家艾里克森提出了"心理社会合理延缓期"的概念，认为中学生需要有时间去疏理、整合所有的混乱与矛盾，在此期间，出现一些中学生阶段特有的心理行为现象正是你们心理社会适应的表现。因此说，中学生应该认识自己，培养健全的自我概念，增进自我选择与自律的能力，才不至于因丧失自信心而盲目崇拜，失去自我意识。

中学生"英雄观"现象从本质上来说，是一种对美好的信仰，这是最值得肯定，也是最难能可贵的东西。中学生的"英雄观"行为就好像你们脸上长的青春痘，过了一定的年龄段就会自然消失。因此，不能用高压手段去消灭"它"，更不能用强制手段去"挤""它"。要采取一种"大禹治水"的智慧，合理调节，疏导有方，让中学生们清楚地明白，为何崇拜，崇拜什么，才是正确和值得提倡的教育思路。

"英雄观"并不是中学生生活的全部。中学生现在应当以学业为重，摆正学习和"英雄"两者之间的关系，把主要的时间和精力用在学习上，权衡利弊，把握好正确的方向，这才是关键。告诉自己如果想像偶像们那样成功，现在就必须努力才行。并要告诉自己其实所有的明星也跟普通人一样，只不过他们从事的职业的一些特殊性把他们熏染的如此的完美或是高大。最好的办法是：改善自己的想法，这样既不影响学习，也可以放松由于学习带来的紧张情绪。

在中学生时期，"英雄观"主义多少带有几分盲从与狂热，这是成长中常见的现象。在课余时间里可以谈论一些自己喜欢的英雄以及自己想成为英雄的想法。但是只要不过分，这都是好事。但应注意适度原则，量变引起质变，往往有的同学沉迷其中不可自拔，这不利于中学生的成长。"英雄"的经历最终应使人学会自立，而不是沉湎其中。

人生是一个不断模仿、学习与创新的历程。中学生在成长的过程中，心智尚未成熟、可塑性强，容易受到外在因素的影响而改变。所以，中学生要充分认识到追星的正面影响和负面影响，并努力克服负面影响。正确认识追星现象，正确引导追星情结，让自己明天能成为建设国家的栋梁之才和耀眼新星！

16. 对事情不敏感

敏感心理常见于处于青春期的女孩子，一些患有神经衰弱的中学生，究其原因就在于长期的过于敏感、过度紧张，引起大脑神经兴奋与抑制失调。由于失调，身体便会出现不适感。长期大量的身体不适又加深大脑功能的进一步紊乱，便会形成一种恶性循环，致使一些中学生认为自己得了不治之症，把精力、注意力全部集中在病上，陷入不能自拔的境地。

小李是一名初三学生，学习很刻苦，每天复习功课到很晚，由于睡眠不足，第二天总感到昏昏沉沉的。这天，他上课时又睡着了，同桌小王同学猛拉了他一下，他一惊，抬头一看授课老师正站在他面前，一双瞪大的眼睛透过眼镜正看着他，他知道一场风暴不可避免了，果然，老师勃然大怒。小李感到很委屈，下课时埋怨同桌为什么不早叫醒他，两人为此差一点动了手。回到家中，小李同学感到头疼、觉得没劲、躺倒在床上一动不动，他的情况急坏了父母。

像小李同学这样的情况在中学生中是最常见的，这是因为中学生有自己的情感特点。因为比较敏感，而且对外界刺激的承受能力比较小。所以，当老师批评小李后，本来事情不算大，但他的反应却很大。无论是中学生遇到学习困难，还是在与父母、老师、同学的关系上出现矛盾，都会出现类似于像小李同学这样的状况。

敏感心理产生的原因

心理敏感会对中学生产生的很多负面影响：

1. 引起自卑。有敏感心理的中学生往往会因自己的缺陷或过失而性格内向，情绪抑郁，对自己的品质、能力等做出偏低评估，处于自己瞧不起自己的一种消极心理状态，由于自尊心得不到尊重，从而挣扎在自卑中不能自拔。

2. 人际交往能力差。心理过敏的学生往往对周围环境比较敏感，怕自己的缺陷或过失暴露在他人面前，或被别人谈起，从而产生离群现象，在人际交往中表现出紧张、拘谨躲避的心理状态。这种心理压力会阻碍交往的积极进行，影响能力的发挥，从而使自己总是显得孤独。

3. 造成人格缺失。心理敏感的人常常缺乏主体意识和主动精神，意志薄弱，自信心不足，心理上表现出孤独、抑郁、焦虑、惶惑不安和紧张等情绪，或由于对自己体形相貌的不满意，以及身体的疾病或残疾导致自我贬低，丧失自信，以致造成悲观失望等人格缺失特征。

4. 引发各种心理危机。敏感心理容易产生内向性行为问题。有敏感心理的中学生在知道了自身的弱点或知道别人已经了解了自身的弱点后，往往会不知所措，陷入自我责备的痛苦中，也有人在别人有意或无意地谈及自己的痛点时，会情绪反应剧烈，暴跳喊叫，怒气冲冲；或脸色突变，手脚发抖，越想越想不开，伺机报复。从而引起各种心理危机。

人际关系敏感的人，主要表现是不能正确处理个人与社会的相互关系，在人群中总感到不自在，与人相处时有着较强的戒备、怀疑和嫉妒心理，在人际关系上存在着种种困惑，与同学和老师关系

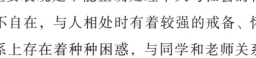

紧张。中学生在心理上处于青春发育时期，这一时期最大特点是生理的蓬勃成长，特别是处于外形改变、机能增强和性成熟的"三大巨变"之中。你们的情绪情感比较强烈，常有明显的两极性，很容易"动感情"，如果在你们"社会化"过程中，出现人际关系敏感现象，那么会导致各种各样的心理和生理问题。人际关系敏感在表现初期，父母和学校一般都不是很在意，但是如果任其发展下去的话，其后果将不堪设想。

如何克服敏感的心理

中学生进入青春期后，都会很注意自己在他人眼中的形象。你们一般情绪不稳，看问题易偏执，这就使对人与人之间的关系很敏感，特别是对与自己有关的人际关系更敏感。另一方面，由于对神经衰弱的各种症状缺乏正确的认识和态度，便怀疑自己得了"不治之症"，使精神更加紧张，病情更加严重。所以，为防止和消除神经衰弱，应该恰当地把握感情的敏感度，可以从以下几点做起：

1. 强化自己。在生活中常常有那种以别人的评价为转移的人。这种人长期跟着别人转，久而久之就会养成过分敏感的性格。因此，要避免这种"过敏心理"，因为它会给你现在和今后的社会活动带来数不清的麻烦。如果别人以异样的眼光盯着你时，你不必局促不安，也不必神情窘迫，惟一的办法是——用你的眼波接住对方的眼波，久而久之，你就会发现自己就是自己，可以自如地生活在千万双眼睛织成的人生网格里。

2. 不过于计较小事。每天生活中人际交往中的矛盾、冲撞甚至冲突，都是无法避免的。有些小事发生了，也就把它当作雨过云消了。

3. 正确认识自己。认识到自己是无可代替的，别人不会事事赛过自己，自己也不可能事事出人头地。凡事要学着往大处去想，敢于公开自己的优缺点。

4. 充实业余生活。多参加一些集体活动，读些自己感兴趣的书籍。当有"敏感心理"干扰时，用松弛身心的办法来对付。可进行自我暗示，转移注意力，如转移话题、有意避开现场等。另外，坚持体育锻炼，有助于防止"心理过敏"的现象发生。

17. 人而无信，不知其可也

守信，是中华民族的传统美德。信就是一个人能遵守承诺、讲信用。如果一个人说话实在，并说到做到，这就会使他人产生信任感，愿意同他交往或合作。相反，如果一个人言而无信，接二连三地自食其言，这将会引起人们的猜疑和不满，让人们对其也不会有什么好的印象。特别在中学生时期，塑造良好的品德也是很重要的，学会守信更是培养好中学生品德首当其冲的代表。

守信是做人的最基本底线。中学生是祖国的未来，你们的诚信意识决定着未来社会的诚信度。因此，中学生要懂得不管是在做人还是做事上，都不要离开诚实守信的基本原则。建造中学生诚信的基础需要家庭及学校的共同努力，为全社会构建守信的大厦。信用就是真心诚意、实事求是、不虚假、不欺骗；守信就是要做到遵守承诺、讲信用，注重自身的名誉及信誉。只有营造守信的环境，才能培养出诚实守信的年轻学子。

守信是中华民族的传统美德。中学生要引以自豪，以此为基础，从最基本的道德品质做起，时时尊敬他人。清朝政治家曾国藩说："不成才可以，不成人不可以。"人的一生中，诚信是道德规范的重要内容，是做人之本、办事之根。在这个社会上，只有做到守信，才能弘扬中华民族的诚信美德，才能使祖国更文明、和谐。

18世纪，美国一位有钱的老板，深夜在回家的路上，被一个衣衫褴褛的小男孩儿拦住了。

小男孩儿说："先生，请您买一个打火机吧"，

老板回答说："我不买"，说着他继续向前走，

小男孩追上来又说："先生，请您买一个吧，我一整天都没有吃东西了"。

他看着甩不掉的小男孩儿说："我没有零钱，怎么买啊！"，

小男孩回答说："先生，你先拿着打火机，我去给你换零钱"。

说完男孩儿拿着他给的一个美元快步跑走了。这位老板等了很久，小男孩儿始终没有回来，他无可奈何地回家了。

第二天上午，这位老板正在办公室工作，他的秘书说来了一个小男孩儿要求面见老板。

这位老板说：让他进来吧！这个男孩儿比卖打火机的男孩儿低了一点，穿的比卖打火机的小男孩更破烂。

小男孩进来第一句话就说："先生，对不起了，我的哥哥让我给您送零钱来了"

老板问："那你的哥哥呢？"。

小男孩说："哥哥在换完零钱回来找你时，被路上的马车撞成重伤了，他现在在家躺着呢"。

这位老板被小男孩儿的讲信用的行为深深感动了。

"走！我们去看你的哥哥！"。于是他就去了小男孩的家里，他看着受重伤的男孩儿在床上躺，一见老板来了，受伤的小男孩连忙说："对不起，先生，我没有按时给你零钱，失信了！"这位有钱的老板

被男孩的诚信深深打动了。当他了解到小男孩儿的父母亲都不在世了。最后，他决定把小男孩的日常生活费用全部都承担起来。

我们的生活中经常会遇到这样那样的事情，许多时候都是为了个人的一点私利，而不顾一切，甚至可以不讲信用。但是，这不仅违背了道德上的良知，还毁灭了一代人的心灵。

无信心理产生的原因

守信是一个人不可缺少的高尚的品德。守信是人际交往中必不可少的道德准则。著名的心理学家说："信誉是社会中人际交往的润滑剂，它非常有效并会省去很多麻烦，使人们可以对他人的话给予一定的信赖。"日常生活中，中学生与别人交往时要为人和善、真诚相待、团结友爱、助人为乐等。

守信是一种涵高素养的道德准则，中学生拥有诚实的态度是很有必要的。古人云："人之初，性本善"说明守信是每个人都可以做到的。

特别是中学生，在什么事情都处于不稳定的时候，要学会像例子中的那个受伤的男孩一样，对人讲信用，这对自己的以后也是一种很好的道德培养，能促使自己成为一个品德才能集聚为一体的伟大的人士。

不少名人都曾经在小的时候很讲信用的。比如华盛顿。他就很讲信用，自己当上了最伟大的美国的总统后，尽管可以抬高自己的身价，把自己想得很成功，但是他还是很讲信用的，和平常人一样准时赴约。并且，还是在别人还没到达的时候，就自己等候多时却不说什么。

这就是成就了一个伟大的总统的原因。因为他们从自身做起，十分讲信用。

如何克服无信的心理

中学生，也要学习那种做人要讲守信的原则。从小树立自己要诚实做人的信念，不能欺骗别人，待人处事一定要遵循一定的原则，要保持一个和谐的心理去面对自己的人生，不能想着自己那样对别人了，别人会不会同样的对待自己，那样就大错特错了。

在自己做错了事情之后，要学会敢于承认错误。纠正自己的不良的情绪，不要把个人的原因附加到别人的头上去。

对自己答应别人的事情，中学生要保证一定遵循其原则，不可以胡搅蛮缠，以至于严重影响到别人的正常的工作或是学习。

中学生在心理还不稳定的时期，要从小就学会守信，培养自己的讲信用的美好品德。让自己心理上知道什么是做人该遵循的原则。这样，对自己以后形成美好的人生也是很有帮助的，并且还可以帮助自己身心得到更好的发展。

18. 和消极心态告别

如何和消极心态告别？安迪·格罗夫告诉我们下列的经验和方法：切断和你过去失败经验的所有关系，消除你脑海中和积极心态背道而驰的所有不良因素。找出你一生中最希望得到的东西，并立即着手去得到它。借着帮助他人得到同样好处的方法，去追寻你的目标。如此一来，你便可将多付出一点点的原则，应用到实际行动之中。

确定你需要的资源之后，便制定得到这些资源的计划，然而所定的计划必须不要太过度，也不要太不足。别认为自己要求得太少，记住：贪婪是使野心家失败的最主要因素。

　　培养每天说或做一些使他人感到舒服的话或事，你可以利用电话、明信片，或一些简单的善意动作达到此目的。例如给他人一本励志的书，就是为他带来一些可使他的生命充满奇迹的东西。日行一善，可永远保持无忧无虑的心情。

　　使你自己了解打倒你的不是挫折，而是你面对挫折时所抱的心态，训练自己在每一次不如意中，都能发现和挫折等值的积极面。

　　务必使自己养成精益求精的习惯，并以你的爱心和热情发挥你的这项习惯，如果能使这种习惯变成一种嗜好那是最好不过的了。如果不能的话，至少你应记住：懒散的心态，很快就会变成消极心态。

　　当你找不到解决问题的答案时，不妨帮助他人解决他的问题，并从中找寻他所需要的答案。在你帮助他人解决问题的同时，你也正在洞察解决自己问题的方法。

　　每周阅读一次爱默生的《报酬随笔》，直到你能领悟其中的道理为止。这本著作可使你确信，能从积极心态获得好处。

　　彻底地"盘点"一次你的财产，你会发现你所拥有的最有价值的财产就是健全的思想，有了它你就可以自己决定自己的命运。

　　和你曾经以不合理态度冒犯过的人联络，并向他致上最诚挚的歉意，这项任务愈困难，你就愈能在完成道歉时，摆脱掉内心的消极状态。

　　我们在这个世界上到底能占有多少空间，是和我们为他人利益所提供服务的质与量，以及提供服务时所产生出的心态，成正比例关系的。

　　改掉你的坏习惯，连续一个月每天禁绝一项恶习，并在一周结束时反省一下成果。如果你需要顾问或帮助时，切勿让你的自尊心使你却步。

放弃想要控制别人的念头，在这个念头摧毁你之前先摧毁它，把你的精力转而用来控制你自己。

把你的全部思想用来做你想做的事，而不要留半点思维空间给那些胡思乱想的念头。

向每天的生活索取合理的回报，而不要光等着回报跑到你的手中，你会因为得到许多你所希望的东西而感到惊讶——虽然你可能一直都没有察觉到。

以适合你生理和心理的方式生活，别浪费时间以免落于他人之后。

除非有人愿意以足够证据，证明他的建议具有一定的可靠性，否则别接受任何人的建议，你将会因谨慎而避免被误导，或被当成傻瓜。

务必了解人的力量并非全然来自物质而已。甘地领导他的人民争取自由所依靠的并非财富。

使自己多多活动以保持自己的健康状态，生理上的疾病很容易造成心理的失调，你身体应和你的思想一样保持活跃，以维持积极的行动。

增加自己的耐性，并以开阔的心胸包容所有事物，同时也应与不同种族和不同信仰的人多接触，学习接受他人的本性，而不要一味地要求他人照着你的意思行事。

你应承认，"爱"是你生理和心理疾病的最佳药物，爱会改变并且调适你体内的化学元素，以使它们有助于你表现出积极心态，爱也会扩展你的包容力。接受爱的最好方法就是付出你自己的爱。

以相同或更多的价值回报给你好处的人。"报酬增加律"最后还会给你带来好处，而且可能会为你带来所有你应得到的东西。

记住，当你付出之后，必然会得到等价或更高价的东西。抱着这种念头，可使你驱除对年老的恐惧。一个最好的例子就是，年轻消逝，但换来的却是智慧。

你要相信你可以为所有的问题找到适当的解决方法，但也要注意你所找到的解决方法，未必都是你想要的解决方法。

参考别人的例子，提醒自己，任何不利情况都是可以克服的。虽然爱迪生只接受过3个月的正规教育，但他却是最伟大的发明家。虽然海伦·凯勒失去了视觉、听觉和说话能力，但她却鼓舞了数万人。明确目标的力量必然胜过任何限制。

对于善意的批评应采取接受的态度，而不应采取消极的反应。接受学习他人如何看待你的机会，利用这种机会做一番反省，并找出应该改善的地方。别害怕批评，你应勇敢地面对它。

和其他献身于成功原则的人组成智囊团，讨论你们的进程，并从更宽广的经验中获取好处，务必以积极面作为基础进行讨论。

分清楚愿望、希望、欲望以及强烈欲望与达到目标之间的差别，其中只有强烈的欲望会给你驱动力，而且只有积极心态才能供给产生驱动力所需的燃料。

避免任何具有负面意义的说话形态，尤其应根除吹毛求疵、闲言闲语或中伤他人名誉的行为，这些行为会使你的思想向消极面发展。

锻炼你的思想，使它能够导引你的命运朝着你希望的方向发展，把握住"报酬"信封里的每一项利益，并将它们据为己有。

随时随地都应表现出真实的自己，没有人会相信骗子的。

相信无穷智慧的存在，它会使你产生为掌握思想和导引思想而奋斗所需要的所有力量。

相信你所拥有的解放自己并使自己具备自觉意识的能力，并借着这种信心作为行事基础将它应用到工作上。现在就开始做！

19. 用积极的心态对待社会

积极寻找最佳新观念

有积极心态的人时刻在寻找最佳的新观念。这些新观念能增加积极心态者的成功潜力。正如法国作家维克多·雨果说的，"没有任何东西的威力比得上一个适时的主意"。

有些人认为，只有天才才会有好主意。事实上，要找到好主意靠的是态度，而不是能力。一个思想开放有创造性的人，哪里有好主意，就往哪里去。在寻找的过程中，他不轻易扔掉一个主意，直到他对这个主意可能产生的优缺点都彻底弄清楚为止。据说，世界最伟大的发明家之一托玛斯·爱迪生的一些杰出的发明，是在思考一个失败的发明，想给这个失败的发明找一个额外用途的情况下诞生的。

言行举止像你希望成为的人

许多人总是等到自己有了一种积极的感受再去付诸行动，这些人在本末倒置。积极行动会导致积极思维，而积极思维会导致积极的人生心态。心态是紧跟行动的，如果一个人从一种消极的心态开始，等待着感觉把自己带向行动，那他就永远成不了他想做的积极心态者。

用积极的心态把自己看成成功者

美国亿万富翁、工业家卡耐基说过："一个对自己的内心有完全支配能力的人，对他自己有权获得的任何其他东西也会有支配能力。"当我们开始用积极的心态并把自己看成成功者时，我们就开始成功了。

谁想收获成功的人生，谁就要当个好"农民"。我们决不能仅仅播下几粒积极乐观的种子，然后指望不劳而获。我们必须给这些种子浇水，给幼苗培土施肥。要是疏忽这些，消极心态的野草就会丛生，夺去土壤的养分，直到庄稼枯死。

照看好生机勃勃的庄稼，别给野草浇水。正如《圣经》腓立比书第四章第八节所说的："凡是真实的、可敬的、公平的、清洁的、可爱的、有美名的，若有什么德行，若有什么称赞，这些事你们都要考虑。"

培养一种奉献的精神

曾被派往非洲的医生及传教士阿尔伯特·施惠泽说："人生的目的是服务别人，是表现出助人的激情与意愿。"他意识到，一个积极心态者所能做的最大贡献是给予别人。

前任通用面粉公司董事长哈里·布利斯曾这样忠告手下的推销员："忘掉你的推销任务，一心想着你能带给别人什么服务。"他发现人们一旦思想集中于服务别人，就马上变得更有冲劲，更有力量，让人更加无法拒绝。说到底，谁能抗拒一个尽心尽力帮助自己解决问题的人呢。

布利斯说："我告诉我们的推销员，如果他们每天早晨开始干活时这样想：'我今天要帮助尽可能多的人'，而不是'我今天要推销尽量多的货'，他们就能找到一个跟买家打交道的更容易、更开放的方法，推销的成绩就会更好。谁尽力帮助其他人活得更愉快更潇洒，谁就实现了推销术的最高境界。"

给予别人成了一种生活方式。现在还无法预测给予所带来的积极结果。拿破仑·希尔曾讲过关于一个名叫沙都·逊达·辛格的人的故事。有一天，辛格和一个旅伴穿越高高的喜马拉雅山脉的某个山口，他们看到一个躺在雪地上的人，辛格想停下来帮助那个人，但他的同伴说："如果我们带上他这个累赘，我们就会丢掉自己的命。"

但辛格不能想象丢下这个人，让他死在冰天雪地之中。当他的旅伴跟他告别时，辛格把那个人抱起来，放在自己背上，他使尽力气背着这个人往前走。渐渐地辛格的体温使这个冻僵的身躯温暖起来，那人活过来了。过了不久，两个人并肩前进。当他们赶上那个旅伴时，却发现他死了——是冻死的。

在这个例子中，辛格心甘情愿地把自己的一切——包括生命——给予另外一个人，使他保存了生命。而他那无情的旅伴只顾自己，最后却丢了性命。

用美好的感觉、信心与目标去影响别人

随着你的行动与心态日渐积极，你就会慢慢有获得一种美满人生的感觉，信心日增，人生中的目标感也越来越强烈。紧接着，别人会被你吸引，因为人们总是喜欢跟积极乐观者在一起。运用别人的这种积极响应来发展积极的关系，同时帮助别人获得这种积极态度。

让别人感到自己的重要和被需要

每个人都有一种欲望，即感觉到自己的重要性，以及别人对他的需要与感激。这是我们普通人的自我意识的核心。如果你能满足别人心中的这一欲望，他们就会对自己，也对你抱积极的态度。一种你好我好大家好的局面就形成。正如美国 19 世纪哲学家兼诗人拉尔夫·沃尔都·爱默生说的："人生最美丽的补偿之一，就是人们真诚地帮助别人之后，同时也帮助了自己。"

使别人感到自己重要的另一个好处，就是反过来会使你自己感到重要。

在大多数情况下，你怎样对别人，别人就怎样对你，就像那个讲述两个不同的人迁移到同一小镇的故事一样。

第一个人到了市郊就在一个加油站停下来问一位职员："这个镇里的人怎么样？"

加油站职员反问："你从前住的那个镇的人怎么样？"

第一人回答："他们真是糟透了，很不友好。"

于是加油站职员说："我们这个镇的人也一样。"

过了些时候，第二个驾车人驶进同一加油站，问职员同一个问题："这个镇的人怎么样？"

那个职员同样反问："你从前住的那个镇上的人怎么样？"

第二个人回答："他们好极了，真的十分友好。"

加油站职员于是说："你会发现我们这个镇的人完全一样。"

那个职员懂得，你对别人的态度跟别人对你的态度是一样的。

同情和理解他人

在日常生活中，那些持有 NMA 心态的人常常抱怨：父母抱怨孩子们不听话；孩子们抱怨父亲不理解他们；男朋友抱怨女朋友不够温柔；女朋友抱怨男朋友不够体贴。在工作中，也常出现领导埋怨下级工作不得力，而下级埋怨上级不够理解自己，不能发挥自己的才能。他们对生活总是抱怨而不是一种感激。瑞·Z·波斯纳认为，如果你常流泪，你就看不见星光，对人生对大自然的一切美好的东西，我们要心存感激，则人生就会显得美好许多。

有这么一句话："一个女孩因为她没有鞋子而哭泣，直到她看见了一个没有脚的人才停止。"世间很多事情，常常是我们没有珍视身边所拥有的，而当失去它时，才又悔恨。

第三章

学生与社会相处方法

1. 正确地认识自我

唐代皇帝唐太宗说过：以铜为镜，可以正衣冠；以古为镜，可以知兴替；以人为镜，可以明得失。如果想要知道自己的外貌，可以照镜子，从镜子中看到真实的自我形象。了解历史可以懂得过去，但如果想要认识自己的能力和性格，仅仅是以他人为镜是不够的。

我们常常会听到一些青少年发出这样的感慨："有时候，我觉得自己很能干，很聪明。但有时候我又会觉得自己很笨，连一件小事都做不好。我究竟是聪明的还是笨的呢？"其实，发出这种感慨的青少年，就是没有正确的认识自我。

青少年对自我认识是否全面、正确，对他的生活和发展有着十分重要的意义。如果一个人看不到自己的价值，就会对自我失去信心，产生自卑感，一方面失去了生活的力量，另一方面一旦遇到失败和挫折就会一蹶不振。如果一个人只看到自己的长处，看不到自己的缺点和弱点，就会盲目自信，夸大自我，目空一切。因此只有全面、正确地认识自己，才能保证一个人的个性健全良好地发展。

认清自己的优势

在人生中，人们最关注的就是自己。当拿到一张集体照时，你的第一个目光肯定会落在自己身上。每天早上，面对着镜子里面的人，你不妨问问：他（她）是谁？请不要笑此话太傻。俗话说：一个人最大的敌人莫过于自己。要战胜自我、了解自我这个最大的敌人，就是认清自我，客观的评价自己，找准自己的位置，但是，又有多少人了解自我有几分。

认识自我，就是要客观地评价自己，既不高估自己，也不贬低自己。认识自我，就是要认识自己的优势、劣势、自己的与众不同和发展潜力。认识自我，就是要认识自己的生理特点，认识自己的理想、价值观、兴趣爱好、能力、性格等心理特点。

英国的一个著名诗人济慈，他本来是学医的，可是后来无意中，他发现了自己有写诗方面的才能，所以，就当机立断改行写诗，而且在写诗的过程中，他很投入的用自己的整个生命去写诗。很不幸，他只活了二十几岁，但是，他却为人类留下了不朽的美丽诗篇。

马克思在年轻的时候，也曾想做一名伟大的诗人，也努力的写过一些诗。但是，他很快发现在这个领域里，他不是强者，他发现自己的长处不在这里，便毅然决然地放弃了做诗人的想法，转到科学研究上面去了。

试想一下，如果上面的两位大师都没有正确的认识自己，看清自己的话，那么英国至多不过增加一位不高明的外科医生济慈，德国至多不过增加一位蹩脚的诗人马克思，而在英国文学史和国际共产主义运动史上则肯定要失去两颗光彩夺目的明星。所以，认识你自己吧！无论做什么都要切切实实、脚踏实地去做，大而无当、好高骛远的想法一定要排除。

客观地认识自己

古人云："人贵有自知之明。"这说明正确认识自己是相当困难的。青少年在正确认识自己的困难的时候，一方面在于对自己的心理的了解，因为它常常不能像测量自己的血压、身高那样有一个客观的尺度。即使借助于心理测量，一般人也难以掌握。另一方面，人对于自己的认识往往缺乏一定的积极性和坚持性。因此，"当事者迷"的情况也就容易发生。

三千多年前，传说在希腊帕尔纳索斯山南坡上，有一个驰名整个古希腊的戴尔波伊神托所，这座神所是一组石造建筑物。在这个神托所的入口处，在一块石头上刻有两个词，用今天的话来讲就是：

认识你自己！

古希腊的哲学家苏格拉底最爱引用这句格言教育他的学生，因此，后人往往错误地认为这是苏格拉底说的话。这句话当时被人们认为是阿波罗神的神谕，其实是家喻户晓的一句民间格言，是希腊人民的智慧结晶，后来才被附会到大人物或神灵身上去的。

有句古语是这样说的："画龙画虎难画骨，知人知面不知心"。人心难测，知人难，为人知更难。而要知己，则是难上加难。所以有"人贵在自知之明"之说。

诚然，一个人要想真正的了解自己，认识自己，又谈何容易？一辈子不认识自己而做出了可悲之事的大有人在。在今天，还有很多人正是由于不认识自己，不充分理解今天这个社会中的情况，而受不得一点点挫折、打击，悲观、失望、苦恼、抱怨、彷徨，终日在唉声叹气、无所事事中把时光轻易地放走。

所以，青少年朋友一定要及早的、客观的认识自我，不要在年年岁岁中虚以度日。古人云："知己知彼，百战不殆。"西方人说："自己的鞋子，自己知道紧在哪里"；"不会评价自己，就不会评价别人"；希腊人说："最困难的事情就是评价自己。"可见，认识自己是一个永恒的话题，在古今中外都十分受到重视。

但是，认识自己并不是一件容易的事，需要对自己有一个最起码的认识，这是做人的一个最起码的要求。而对于有些人来说，自己是什么样的人，只有自己不知道。由于难得有一个真实的参照系来评估自己，所以，我们往往能够很自信的干傻事。

认识你自己罢！虽然这是困难的，然而，一个人要想有一番作为的话，正确的认识自己是一个最基本的要求。或者，你可能解不出那样多的数学难题，或记不住那样多的外文单词，但你在处理班

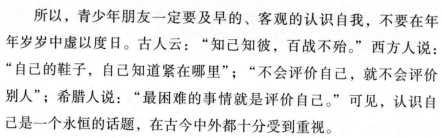

级事务方面却有特殊的本领，能知人善任、排难解纷，有高超的组织能力；你的数理化也许差一些，但写小说、诗歌却是个能手；也许你分辨音律的能力不行，但有一双极其灵巧的手；也许你连一张桌子也画不像，但是有一副动人的歌喉……

在认识到自己长处的前提下，扬长避短，认准目标，抓紧时间把学习或者工作做好，久而久之，自然会水到渠成。

2. 做事三思而后行

综观现代青少年，大多年少轻狂，做事鲁莽，不计后果，往往造成一些令人困扰的或是后悔的事。"三思则后省"告诉广大青少的道理是：做事前要学会三思而行，做事后要学会反省、反思，从中吸取教训。在做事之前学会三思，才不至于给自己留下遗憾，给自己带来后悔的痛苦，也就不用承受心灵上巨大的煎熬；学会反省，则可以帮助思考。

对于青少年来讲，事后的反思有助于认识自己的不当行为，可以使你学会理解，学会合作，学会关心，学会感恩等优良品质，从而使自己的身心素质得到提升，在成长中发挥令人意想不到的作用。

凡事要"三思而后行"

《左传·襄公十一年》有言："居安思危，思则有备，有备无患。"这句话也就是说，无论你在做什么事情，或者是打算去做什么事情，三思而后行就是最佳选择。

青少年，正处于不断学习的阶段，则更需要学会三思而后行，也只有这样，才会是对自己真正的负责，也让自己在以后的人生道路上减少遗憾。

古时候有一个江湖有名的一流剑客，他就像个传奇，被人们茶余饭后讨论着。阿卓从小就经常听闻剑客的事迹，并且到了痴迷的程度，他在心底里发誓，自己有朝一日一定要成为像他那样的一流剑客，叱咤江湖。

　　他打包行囊偷偷离家，开始了自己的求师之旅，历经千山万水，他终于找到了崇敬已久的剑客。在拜师时，他首先向剑客问了一个问题："师傅，依您看根据我的资质，要练多久才能成为一流的剑客？"剑客答道："大概要十年左右！"阿卓难以置信地说："十年？那也未免太久了，假如我加倍苦练，多久可以成为一流的剑客呢？"剑客答道："那可能要二十年了。"阿卓满头雾水，但还是不甘心地问："假如我晚上不睡觉，日以继夜地苦练呢？"剑客笑了笑说："那么你就永远也做不了一流的剑客，因为你必死无疑。"

　　看着阿卓丈二和尚摸不着头脑的样子，剑客接着解释道："要当一流剑客的先决条件，就是必须永远保留一只眼睛注视自己，不断反省自己。现在，你两只眼睛都只盯着剑客的招牌，哪里还有眼睛注视自己呢？"阿卓低下头说："那好吧，师傅，我都听您的。"剑客说："好，那你现在起程回去，回到私塾好好学习，三年后再来学剑。"阿卓难以相信，吃惊地问："为什么呢？为什么又要让我浪费三年的时间呢？"剑客无奈地摇摇了头："少年负壮气，奋烈自有时。你年少气盛，应回去多读书以修身养性。

　　再者，要成为一名一流的剑客，并不是只拥有超高的剑术就可以的。剑术是与学术离不开的，书本中你可以学到做人的礼节，可以度心境，同样也可以学到谋略，这在用剑作战中是不可或缺的。如果你目不识丁，空有一身剑技，也只能说是一介用剑莽夫，难称一流剑客。"阿卓听后心中愧疚不已，当场开悟，终成一代名剑客。

　　这个故事所要表达的意思就是做人做事切不可过于鲁莽，说风就是雨。做事要考虑到前因后果，要懂得从大局出发，分析事情的可行性。"三思而后行"并不是胆小怕事、瞻前顾后，而是成熟、负责的表现。

　　当决定做一件事的时候，特别是重大问题时，必须要进行全方位的考虑，拿不准的时候多听听旁人的意见，也很有好处。就好像一名中学生，你绝不可能因为想要做旅行家就要马上放弃学业，背起背包离家，云游四海。理想要本职环境出发，而且理想也离不开学校中知识的积累。凡事都要经过三思后再去做，才不至于后悔，切不可冒失莽撞的行事，因为不假思索地做事往往会让自己后悔。

通过"三省"得"心得"

曾子曰：吾日三省，为人谋而不忠乎？与朋友交而不信乎？传不习乎？意思就是说，每日反省自己的忠心、守信、复习三个方面，此为"曾三"。这是古人要告诉后人的道理，反思就是一个学习的过程，是一个把理论上学到的知识与自己生活实践、切身体验、感悟结合起来的过程，是一个获得生活智慧的过程。

随着中学生们不断成长，接触外界，接触社会的机会也日益增多，所有的问题就会接踵而来。青少年要学会时刻反思自己的为人处事及所作所为，反思自己的态度和心情。这样才可以理性地认识自己，对事物有清晰的判断；也可以提醒自己改正过失。只有全面地反省，才能不断完善自己，不断地向成功、理想的彼岸驶进！

成长的过程就是一个不断犯错、不断改善的过程。很多人对于自己所犯的过错都没有太大的认识，没有正确的反省意识。这个时候自省就显得尤为重要，要学会自我反省，学会从中发现自身的错误，承认错误，避免挫折。直面缺憾、学会反思还意味着正确面对各种评价尤其是批评性评价，从而促使自己在不断地反思中提高自我，发展自我，并将其转化为促进自身发展的创造力。直面缺憾会使自己更加真实，学会反思将使自己更趋完美。

由此可见，反思不仅可以充分的认识自我、实现自我，而且还能达到超越自我的过程。此外，反思要讲求实事求是，从自己的实际情况出发，不要夸大其词，也不能缩小自身的能力，要对自己有一个冷静、客观的分析和思考。

如果青少年掌握了生活的智慧，成功便会一路与之相随。反思的过程也是行动的过程，如果只有反思而没有行动，那只是纸上谈兵，空虚而无为。只有付诸行动，才能使自己逐渐成长、不断进步。从学生时就养成自省的习惯，不断地反思自己，才是通往成功的捷径。

3. 自我反省，自我提高

生活在这个世界上，每一个人都不会是完美无缺的。都有说错话、做错事情的时候。处于青少年的朋友们，对于自己做错的事情，一定要知道悔悟和责备。因为，这就是改正错误的原动力。不反省，就不会知道自己的缺点和错误。不悔悟就无从改进。因此，要把反省自己当成一种习惯，用以鞭策自己积极向上。

在我们的潜意识里，一提到反省，似乎都是老年人的事情，而与青少年无关。青少年只有敢于创造、勇往直前。

其实，未必是这样。反省是不分年龄的，除了不懂事的孩子，反省对于任何年纪的人都是必要和有意义的。实际上，反省对于青少年而言，更具有重要性：走过的路短，很容易出现失误和差错；后面的路长，反省就更有必要、更有价值。

学会自我反省

歌德曾说："知之尚需用之，思之犹应为之。"法国牧师纳德·兰塞姆去世后，安葬在圣保罗大教堂，墓碑上工工整整地刻着他的手迹："假如时光可以倒流，世界上将有一半的人可以成为伟人。"一位智者在解读兰塞姆手迹时说："如果每个人都能把反省提前几十年，便有50%的人可能让自己成为一个了不起的人。"他们的话，道出了反省之于人生的意义。

夏朝时候，一个背叛的诸侯有扈氏率兵入侵，夏禹派他的儿子伯启抵抗，结果伯启打败了，他的部下很不服气，要求继续进攻，但是伯启说："不必了，我的兵比他多，地也比他大，却被他打败了，这一定是我的德行不如他，带兵方法不如他的缘故。从今天起，我一定要努力改正过来才是。

从此以后，伯启每天很早便起床工作，粗茶淡饭，衣着朴素，关心百姓，任用有才干的人，尊敬有品德的人。

就这样又过了一年，有扈氏知道了，不但不敢再来侵犯，反而自动投降了。

这个故事充分说明了自我反省的重要性。反省虽是心灵镜鉴的拂拭，是精神的洗濯，却又绝非仅仅限于道德范畴。它应涵盖我们的整个生命的全部内容。小到我们个人，大到我们的人类，从内的欲求到外的言行，无不在反省的范围之中。

反省是理性的表现，反省者的心灵应清静如水，皎洁如月，必须摒弃个人私利与狭隘的地方主义，保持对异己的充分宽容与尊重。作为青少年，只有在真正懂得尊重别人、尊重客观规律的时候，才能更清楚地认识自己，反省才会发挥应有的功效。任何妄自尊大、唯我独尊的心态，都与反省的要求背道而驰。

反省，提高自我

在当今科技迅猛发展的年代里，每个人都不可能永远不犯错误。因此，及时的自省和自我批评往往是纠正自身错误、实现不断进步的关键所在。只有懂得自省的人才能跟上时代的步伐。因此，青少年，这个学习的黄金时段，就更加要学会自我反省。只有学会自我反省，才会有所提高。

反省首先是一种良好的习惯。俗话说，习成自然而成惯。惯性在于一点一滴的培养，反省的惯性需要靠个人自觉的发挥主观能动性，并充分加以应用，才能在个人身上体现出其魅力。闲暇时，可以用心、用脑、用思想去反省自己一年、一月、一日甚至一时的兴衰成败之理、利弊得失之论。

成功的经验在于总结，失败的教训在于归纳。晓前世之理，方可为后世之道。反省到真正的层次、真正的境界，惯性形成，才能时时谨慎、处处小心，三思而后行，便可恰到好处，水到渠成。

其次，反省也是对自身所作所为进行的思索和总结。自己说过的话、做过的事，都是自己直接经历和体验的，对自己的一言一行进行反省，反省不理智之思、不和谐之音、不练达之举、不完美之事，往往能够得到真切、深入而细致的收获。

对于青少年来说，反省不但要勇于面对自己、正视自己，并且要及时进行、反复进行。疏忽了、怠惰了，就有可能放过一些本该及时反省的事情，进而导致自己犯错。反省不是结果，但却是必不可少的过程，更是不懈的追求。"一屋不扫何以扫天下"？那么，就让我们从现在开始，从自己做起，青少年要知道：生命不息，反省不止！

4. 懂得感恩，懂得报恩

英国作家萨克雷说过："生活就是一面镜子，你笑，它也笑；你哭它也哭。"送人玫瑰，手有余香。无论生活还是生命，都需要感恩。你感恩圣火，圣火将赐予你灿烂阳光。你怨天尤人，最终可能一无所有。

常怀感恩之心，就是对世间所有人所有事物给予自己的帮助表示感激，并铭记在心。只要我们常怀感恩之心，相信你会有所收获。青少年在以后的成长道路上，要常怀感恩之心，才能读懂生命的真谛。

感恩心态是生命的真谛

"谁言寸草心，报得三春晖"。父母给了我们生命，我们对父母要常怀感恩之心，是他们让我们来到了这个充满色彩的世界，让我们看到了世界的真善美。从早上起来的一碗热腾腾的牛奶，到一年四季被子床单的换洗，我们应该心存感激，应该感谢上天给了自己那么好的父母，感谢父母给了自己健康的身体和一个完整的家。

老师给了我们知识，我们对老师要常怀感恩之心。是老师帮我们开启了知识的大门，是老师让我们懂得了在生活中如何对于别人的帮助去说一声"谢谢"，是老师让我们明白了受到别人的恩惠，当涌泉相报，是老师从青丝到白头在三尺讲台上教书育人，他们最大的心愿就是学生个个有出息。学生能常怀感恩之心就有用不尽的学习动力。

朋友给了我们友谊，我们对朋友要常怀感恩之心。朋友能与你患难与共，在你最困难的时候，朋友能千方百计帮你，给你"打气"给你信心，助你跨过学习上各种各样的障碍物。让你刻骨铭心地觉得，朋友的情谊终生难忘。

只有知道了感恩，内心才会更充实，头脑才会更理智，眼界才会更开阔，人生才会赢得更多的幸福。懂得感恩的人，是勤奋而有良知的人，懂得感恩的人，是聪明而有作为的人。

有这样一个有趣的故事：有一次，罗斯福总统家被盗，被偷去了不少东西，朋友们纷纷写信安慰他，罗斯福却说："我得感谢上帝，因为贼偷去的是我的东西，而没有伤害我的生命；贼只偷去我的部分东西，而不是全部；最值得庆幸的是，做贼的是他而不是我。"谁会想到，一件不幸的事，罗斯福却找到了三条感恩的理由。这个故事，可以说将感恩的美丽展示得淋漓尽致了。

感恩是积极向上的思考和谦卑的态度，它是自发性的行为。一颗感恩的心，就是一个和平的种子，因为感恩不是简单的报恩，它是一种责任、自立、自尊和追求一种阳光人生的精神境界！感恩是一种处世哲学，感恩是一种生活智慧，感恩更是学会做人，成就阳光人生的支点。从成长的角度来看，心理学家们普遍认同这样一个规律：心的改变，态度就跟着改变；态度的改变，习惯就跟着改变；习惯的改变，性格就跟着改变；性格的改变，人生就跟着改变，愿感恩的心改变我们的态度，愿诚恳的态度带动我们的习惯，愿良好的习惯升华我们的性格，愿健康的性格收获我们美丽的人生！

常怀感恩之心，让生命更精彩

常怀感恩之心，是人类情感中至真至纯的芬芳美酒；常怀感恩之心，无论你贫穷还是富有，无论你顺境还是逆境，无论你成功还是失败；常怀感恩之心，在你闪烁着感激的泪光中，花儿般灿烂怒放的将是一个春光荡漾的美妙世界！

当你口渴时，爸爸给你递上一杯水，你是否感谢过他呢？当你烦恼时，向妈妈倾诉自己的苦恼，妈妈耐心地听完并教导你，你又是否感激过她呢？常怀着感恩的心，能够接收到更多的关怀与帮助，摆脱贫苦和痛苦，从而快乐的生活。一位作家曾说过：我们满怀感恩之情，不仅仅是索取，而且，必须给予，用给予来表达我们的感激之情，是的，大自然是不断循环和流畅的，你给予的越多，你获得的越多，不是吗？只要你付出了，就会有收获，给予收获的规律就这么简单：想要获得快乐，你就必须给予快乐；想要获得爱，你就必须给予爱；想要获取财富，你就必须给予财富。

不要总记着生活给你开的某个玩笑，不要总想着这个社会待你如何刻薄。如果你总觉得不满足、亏得慌，心怀怨恨不满，你就会愈加变得小肚鸡肠、牢骚满腹，你就会对生活失去信心，还会失去健康，以致孤苦伶仃，憔悴不堪，那么快乐和幸福只有永远与你行进在不同的平行线上。

只要我们常怀感恩之心，人生没有什么不幸会永恒得让人永久地淹没在痛苦的海洋里。世间的纷争，生活的烦恼，永远也不会屏蔽我们心中发出的淡泊而宁静的妙音。

亲爱的青少年朋友，常怀一颗感恩之心，让宽容与你我同行，我们应该乐观地对待生命，宽容的善待一切。对于你周围的朋友、同学，说声谢谢，会让他们感到快乐；对你熟的人说声谢谢，他们会有种付出得到肯定的满足；对陌生人说声谢谢，会拉近彼此之间的距离。"命运"，不足以阻挡你的前程，只要你能正视困难，化困难为力量，成功后蓦然回首，你就会感谢困难，感谢困苦，感谢贫穷！因为它们才是你的恩人。常怀感恩之心，能让自己的心情更加舒畅。常怀感恩之心，能让我们摆脱贫穷与痛苦。常怀感恩之心，你就会发现，原来一切都是那么美好。

5. 勇于承担责任

在这个世界上责任是一种弥足珍贵的东西，取得它来自一个人的灵魂深处，它可以拯救灵魂，让心灵充满自由。

是的，作为21世纪的青少年，你必须学会反省，并勇于承担属于自己的责任。因为反省，让你认识真正的自己，因为承担，让你懂得真正的责任。

古往今来，成功人士可谓是不胜枚举，他们所共有的品质，就是拥有强烈的责任感。对于我们中学生来说，万事万物都是我们的老师。风中飞舞的叶片、河水的喃喃细语、空中翱翔的鸟儿、那些

147

自以为通晓万事的人，都是我们学习的对象。学生的责任主要就是学习，为了生命的快乐、和谐，从内心丰富自己，这就是学习的境界。做一个有责任感的人，明白我们追求的不仅仅是物质方面的，更是精神上面的回报，是社会、是大家的认可和尊敬。

从反省中看到自己的责任

无论是谁，都必须要有责任感，无论你做什么，都必须将其做好。谁都可以成为成功者，只要你保持自己的责任感。一个人的责任感体现在许多方面，比如自己能独立判断、选择并接受其相应的后果，不怨天尤人；做事善始善终，注重效果，而不敷衍了事，马虎草率；不推卸自己对社会、家庭以及他人的义务；做事时不以自我为中心，心中能够装下他人等等。在成长的路上，如果有责任感相陪，那么，在以后的人生道路中，你会有意想不到的巨大收获。

何芳的学习能力很强，能够快速地掌握一定的信息技术知识，学习成绩较好。但是平时做事却很自私。学习上，她只顾自己，不爱帮助别人。生活上，她缺乏自立能力，很多事情都是由家长包办。她的父亲是从政人员，母亲在家，何芳的生活起居和学习主要是由母亲来打理。母亲对何芳十分地溺爱，而父亲则用责备，简单的说服对何芳进行教育，没有正确的态度去对待何芳所犯的错误，而且也没有采取合适的方法来引导和纠正何芳所出现的不良行为。在一次犯错后，何芳忽然意识到了自己一直以来是多么得不懂事，总是令父母担心，深深为自己的不负责任而懊悔。从此，更加发奋地学习，在家里经常帮妈妈做家务，在爸爸下班后，跟爸爸说自己在学校里的表现，或者帮爸爸捶背，或者拉着他一起到外面散心。

有一段时间，妈妈一直身体不舒服，何芳感觉心情非常地沉重，比自己生病还要难受，而且更加的不知所措。看到妈妈痛苦的表情，何芳特别心疼和难受。她发现自己长大了，同时责任也变大了。何芳理解了母亲抚养自己所付出的艰辛，看清了成长过程中的种种责任，并意识到自己要通过实际行动来证明自己长大了。在付出行动后，看到父母舒心的笑容，何芳感受到了从未有过的幸福感。

有责任感的人在日常生活中，通常会有做事认真、诚实守信、虚心听取他人意见、自觉遵守公德和纪律、努力出主意想办法、努力完成指定的任务、知错必改、不轻易放弃等良好品质；而没有责任感的人则总是不敢承担错误、自私、不尊重他人、不遵守诺言、做事不认真、有始无终、不关心别人，没有集体意识、经常在困难面前低头等等。

责任促进成长

责任促进着我们的成长，中学阶段所规定的学习内容就是一份责任。既然你扮演的是学生的角色，那么就应该担负起这份责任。我们每个人都应该对所担负的责任充满责任感。一个人责任感的强弱决定了他对待生活是尽心尽责还是浑浑噩噩，而且还决定了他做事的好坏。如果你在工作中，对待每一件事都是"Book of stop here"，出现问题也绝不会借口推脱掉，而是想方设法使其得到改善，那么你一定能赢得足够的尊敬和荣誉。

我们不可能每一个人都成功，但是不可缺少责任心。责任心关系着我们将来的命运，决定着我们的人生。责任心强，做任何事情都很认真，负责任，这样既磨练了意志，又具备了克服困难的毅力，做事情就容易成功。当我们对学习充满责任感时，就能从中学到更多的知识，积累更多的经验，就能从全身心投入学习的过程中找到快乐。这种习惯或许不会有立竿见影的效果，但可以肯定的是，当懒散敷衍成为一种习惯时，做起事来往往就会不诚实。这样，别人最终必定会轻视你。粗劣地学习，就会造成粗劣的生活。学习是我们生活的一部分，如果敷衍了事，不但会使学习的效能降低，久而久之，还会使人丧失做事的能力。在学习上投机取巧，并不能带给别人任何损害，但却可能会因此而葬送掉自己的一生。

如果泥瓦工和木匠缺乏责任感，将砖石和木料胡乱地拼凑在一起，便用来建造房屋，在这些房屋尚未售出之前，有些已经在暴风雨中坍塌了；那些责任感不强的医科学生不愿花更多的时间学好技术，结果做起手术来笨手笨脚，让病人冒着极大的生命危险；责任感不强的律师在读书时不注意培养能力，办起案件来捉襟见肘，让当事人白白浪费金钱；责任感不强的财务人员，在汇款时疏忽大意写错了一个账号，给公司带来灾难性的损失……如果在生活中丢掉了责任，后果将是不堪设想的。

因此，作为新时代的中学生，为了我们美好的未来，一定要以一种负责的态度来对待所面对的一切事情。

6. 克服心理障碍，塑造人格魅力

良好的人际关系是中学生心理健康的标志，也是他们进入大学乃至进入社会，都需要良好的人际交往素养与能力；有些人和他人相处就是互相利用、贪图财利、占别人小便宜等，这种心态当然得不到良好的人际关系。因此，作为中学生应正确认识人际交往，从根本上提高个人修养，培养正确的人生观、价值观才能更好的适应社会发展的需求。

学习焦虑是心理障碍表现得最严重的症状。过度焦虑会使人失去平衡。一次失败体验往往给下一次埋下祸种，经过一次次的恶性循环，又没及时得以改善，那么自卑、厌学、忧虑、无望等情绪便接踵而至。

中学生心理障碍产生的原因

张小萍就是这样一个例子。上中学时自小生活优越，聪明漂亮的她可算是一帆风顺，可最近突然得了一种怪病：早晨起床还好好的，临到上学却肚子疼，可是几次去医院都查不出什么病来，最后还是一位老医生指点迷津——是不是带孩子去看看心理门诊。在心理医生那里，张小萍的父母得知孩子得的是学校恐怖症。她因一次英语比赛成绩不理想，从此就怕老师、同学看不起她。

据对中学生的调查，有40%的学生称自己在做作业时也受到心理障碍的困扰。主要表现在以下几个方面：一是恐惧心理，即放学途中想到还有家庭作业，便会情绪紧张、心情烦躁。专家称这种情况与你们幼时的经历有关，你们放学回家便被急于求成的父母关在家中做作业，心理承受很大压力，产生了"作业恐怖症"。二是应付心理，大量作业给你们带来的只是"苦"的滋味，你们不得不被动应付，便产生应付心理，以"交差"了事。三是反抗心理，你们做作业的心理往往取决于父母的态度，你们渴望从"书山"、"题海"中解脱出来，受到父母的关注和爱护，可父母忽略了你们的心理渴望，一般都是态度强硬地要求你们"快写作业"、"写完作业再说"，你们其中的一些便会对此产生逆反和敌对心理，采用"不会做"、"身体不舒服"等借口以示抗议。

中学生如何克服心理障碍

中学生克服心理障碍要从以下方面做起：

首先，要有意识地选择与那些性格开朗、乐观、热情、善良、尊重和关心别人的人进行交往。在交往过程中，你的注意力会被他人所吸引，会感受到他人的喜怒哀乐，跳出个人心理活动的小圈子，心情也会变得开朗起来，同时在交往中，能多方位地认识他人和自己，通过有意识的比较，可以正确认识自己，调整自我评价，提高自信心。

其次，要不断提高对自我的评价，对自己作全面正确的分析，多看看自己的长处，多想想成功的经历，并且不断进行自我暗示，自我激励："我一定会成功的"，"人家能干的，我也能干好，也不比他们差"等等，经过一段时间锻炼，一些不良的心理就会被逐步克服。

最后，要想办法不断增加自己成功的体验，寻找一些力所能及的事情作为试点，努力获取成功。如果第一次行动成功，使自己增加了自信心，然后再照此办理，获取一次次的成功，随着成功体验的积累，你的不良心理就会被自信所取代。

7. 善于倾听，赢得人心

倾听，是洞悉自然的方式；是接受信息的渠道；是净化心灵的艺术；是解除自身疑惑甚至心结的途径。人需要倾听，更希望有人能倾听自己的倾诉。生活中我们往往会主动寻找倾诉对象，做一个倾诉者，而回避做一个倾听者。在人与人的交往中，倾诉是表达自己，倾听是了解别人。倾听是一个不可缺少的方面，有时它甚至比交流还要重要。有人说，要想做一个健谈者首先要做一个倾听者，一点也不假。所以，在茫茫人海中，除了倾诉，中学生们还应该学会倾听。

生活中人们总希望别人是倾听者，而自己很难耐心倾听别人。比如：老师随意打断学生的话，领导常常用："说简单点""还有吗？"终止下属的谈话，即使是普通人的交往，人们也常常不愿意充当被动的倾听者。

中学生倾听的好处

古时有一个国王，出了一个难题，让大臣们分辨三个一模一样的小金人哪个最有价值。最后，一位老臣用一根稻草试出了三个小金人的价值，他把稻草依次插入三个小金人的耳朵，第一个小金人稻草从另一边耳朵里出来，第二个小金人从稻草从嘴里出来，只有第三个小金人，稻草放进耳朵后，什么响动也没有。于是老臣认定第三个小金人最有价值。

同样的三个小金人却存在着不同的价值，第三个小金人之所以被认为最有价值也因为在于其能倾听。其实，人也同样，最有价值的人，不一定是最能说会道的人。善于倾听，消化在心，这才是一个有价值的人应具有的最基本的素质。

"上天赐人以两耳两目，但只有一口，欲使其多闻、多见、少言"，在别人的话语里，有鲜花、有荆棘、有废渣、有珍珠、有林林总总的一切。细心倾听者能从中听到财富与机遇的脚步声。了解，最好的办法就是倾听，人与人之间需要沟通、交流、协作共事，善不善于倾听，不仅体现着一个人的道德修养水准，而且关系到能否与他人建立一种正常和谐的人际关系。在很多时候，我们更需要的往往不是口腹之欲，而是一方可以栖息心灵的芳草地。友情的存续，婚姻的永固，团队的凝集，很大程度上在于情感的交流和精神上契合，它是体现人类生活品质的一个重要方向。

卡耐基说："做个听众往往比做一个演讲者更重要。专心听他人讲话，是我们给予他的最大尊重、呵护和赞美。"每个人都认为自己的声音是最重要的、最动听的，并且每个人都有迫不及待地表达自己的愿望。在这种情况下，友善的倾听者自然成为最受欢迎的人。如果经理人能够成为下属的倾听者，他就能满足每一位下属的需要。如果你没有这方面的能力，就应该立即去培养。缺乏倾听往往导致错失良机，产生误解、冲突和拙劣的决策，或者因问题没有及时发现而导致危机。经理人很少致力于学习发展倾听技巧，不知不觉地就忽略了这一重要的交流功能。

人的内心世界本质上是压抑的，孤独的。情感需要宣泄和抒发。

当你满腹心事的时候，当你困惑重重的时候，当你六神无主的时候，需要倾述，需要倾听者。然而，需要倾述的人很多，而能够倾听的却很少。倾述者与倾听者的数量悬殊，形成了鲜明的反差。"学会倾听"是要求别人讲话要用心，要细心。"倾听"即是细心听，用心听的意思，这也是一种礼貌，表示对说话者的尊重。倾听是一种能力，一种素质。人际交往成功的一个重要因素就是学会倾听。

倾听其实是一种幸福。生活中，中学生不妨倾听父母那喋喋不休的唠叨，这其实是一种爱意的释放；并且不妨倾听自己身边的朋友，真诚地为他们的进步高兴，为他们的成功喝彩，成为他们雨中的一支伞，路上的一盏灯。在生活中倾听不啻于是一副爱情的催化剂，一副亲情的清醒剂，一副友情的强化剂。

当别人诉说的时候，默默地倾听，而你的看法，别人或许并不需要，你也应该明白很多事情，别人解决不了的，你也一样。默默倾听，默默的付出你该付出的，不需要太多的语言！可能朋友需要的只是一个倾听者。他只是想把自己心里的委屈和快乐倒出来，我们安静的倾听，对他来说就是最好的安慰和鼓励了。人们在诉说的时候大多数只是为了单向的传达一个信息而已。每个人都想自己被关注，不是吗？但是过多的关注或许反而会拉远你们之间的距离。

中学生要善于倾听

心理学研究表明，人在内心深处，都有一种渴望得到别人尊重的愿望。倾听是一项技巧，是一种修养，甚至是一门艺术。学会倾听应该成为每个渴望事业有成的人的一种责任，一种追求，一种职业自觉，倾听也是优秀经理人必不可缺的素质之一！

一位著名心理学家说：好的倾听者，用耳听内容，更用心"听"情感。没错，正确的倾听态度是达到最佳倾听效果的前提。倾听者应做到信守承诺，替人保密，这样才会获取倾诉者的信任。倾听并不是简单地听，而是全身心投入、专注地听。不仅仅是听听而已，还要借助各种技巧，真正听出对方所讲的事实、所体验的情感、所持有的态度。倾听的习惯和态度比倾听的技巧和技术更为重要，因为在现实生活中，有很多人愿意说不愿意听，习惯于说不习惯听。

倾听是一种姿态，是一种与人为善、心平气和、虚怀若谷的姿态。有了这份姿态，就会多听一分意见，少出一份怨言，或许就意味着家庭中多了一份和睦，恋人间多了一份和谐，朋友间多了一份和气，才会还灵魂一版洁净的天空，让快乐和幸福回到生活的中心。

学会倾听，能修身养性，陶冶性情；学会倾听，能博采众长，弥补自己考虑问题的不足；学会倾听，能使人萌发灵感，触类旁通；学会倾听，能养成尊重他人的良好品质，创造一个良好的人文环境；学会倾听，能体会一种默默无语的关心和体贴，赢得亲情、爱情和友情；学会倾听，还能在矛盾激化时，让对方从另一个角度重新认识自己，打开僵持的局面……

倾听是一种享受，更是一种知识的获取，每个人都会有不足之处，也许你讨厌别人指出你的缺点，也许你自恃完美，无需他人指点，但每个人都不得不面对现实，面对百态人生，所以我们应该以心听心，用感激去回报倾听者的努力。尝试倾听，学会倾听，当你倾听别人心声时，你已学会了许多，学会忍，学会爱，学会淡忘，学会宽容……

中学生们要学会做一个倾听者，倾听别人的快乐，倾听别人的抱怨。在你倾听的同时，无需多言，只要让对方看得出来你在倾听就够了，倾诉者一定会在心里感到欣慰，感谢你。如果你还没有具备这种能力，那么从现在就开始培养吧。

8. 微笑，可以化解一切不快

微笑是一种很祥和的人生态度。俗话说做人需要笑对人生，如果遇到人世间的愁痛和悲伤，能在生活中微笑面对，就是人生的最高境界了。

在人的一生中，像剥夺人的快乐而使人陷入忧思、痛苦、痛心的事实在是太多太多了，可是，让自己不快乐的终究还是自己本人。

在学习上的不快乐，老师不能夸奖你，自有不夸奖的原因，不过自己大可以努力学习，尽心去完成自己的学业就好。

一个不寻常的星期天，是在西方国家最重要的节日——圣诞节——前一天。因此，往常周日晚在教堂聚会的年轻人打算好好庆祝一下。早礼拜以后，有个妇女恳求罗伯特·J·迈克米伦晚上开车带她的两个十来岁的女儿去教堂。那个妇女离异了，丈夫移居别处。她不喜欢晚上开车——尤其是那天晚上还可能雪雨交加。迈克米伦于是答应了。

当天晚上，他们开车去教堂，两个女孩子坐在迈克米伦的身旁。

车开上一个高坡，迈克米伦看到前面不远的立交桥那里许多车撞在一起。因为路面结冰，非常滑，车轮无法刹住，猛地撞到一辆小车的后部。

迈克米伦身边的一个女孩尖叫了一声。

"噢，多娜！"迈克米伦回过头去看那个坐在窗边的女孩子怎么样了。当时车内还没有时兴装配安全带。所以她的脸部撞到了挡风玻璃上，落回座位时，锋利的玻璃碎片在她左颊留下两道深深的伤口，血如泉涌，可怕极了。

这辆车里有急救包，这是多么幸运的事情，于是用纱布止住多娜的流血。前来调查的交警说事故难以避免，不是迈克米伦的责任。可迈克米伦仍然内疚不安——一个如花似玉的少女脸上将要带着疤痕过一辈子，而且这可能还是因为自己。

多娜很快被送到医院急诊室里，医生开始为她缝合脸上的伤口。过了好久，迈克米伦担心会出什么事，就问一位护士，手术怎么现在还没有结束。护士说，当班的医生恰好是个整形的外科大夫，他缝合细密，很费时间。这样伤痕就会很细微。

迈克米伦不敢去探望住院的多娜，担心她会怒气冲冲地责骂自己。因为是圣诞节，医生们把病人送回家，有些可做可不做的手术也给推迟了。所以多娜病房所在的楼层里并没有多少病人。迈克米伦问一位护士多娜的情况怎样。护士微笑着说，多娜恢复得挺好。实际上，她就像一束亮丽的阳光。多娜看起来很高兴，对医治、护理方面问这问那。护士向迈克米伦透露说，病人不多，她们有自己支配的时间，经常找借口到多娜的病房里和她聊天。

迈克米伦对多娜说，他对于发生的一切感到非常不安和愧疚，她打住迈克米伦的道歉，说可以用化妆品遮住疤痕。接着她开始兴高采烈地描述护士们的工作和她们的想法：护士们围在床头，微笑着。多娜看起来很愉快。她是第一次住院，周围的一切引起了她的极大兴趣。

后来，多娜在学校里成了大家瞩目的中心，她一遍遍地讲述事故的经过和她在医院的经历。多娜的母亲和姐姐并没有因此而责怪迈克米伦，反倒感谢他那晚对姐妹俩的照顾。至于多娜，她并没有毁容，而且化妆品确实差不多弥盖了她的疤痕。这让迈克米伦感到欣慰些，但他仍难以抑制心中的刺痛——这么美丽可爱的少女，脸上却有疤痕。

后来，迈克米伦移居另一个城市，从此和多娜一家失去了联系。

10 多年以后，那个教堂邀请迈克米伦去做一系列的礼拜活动。临结束的那晚，他忽然看到多娜的母亲站在人群中等着和他告别。

迈克米伦蓦地战栗起来，想起车祸、鲜血和伤疤。

多娜的母亲笑容可掬地站到迈克米伦面前。当她问他知不知道多娜现在怎么样了时，她几乎开怀大笑起来。

"不，我不知道多娜怎么样了。"

"那你记不记得多娜住院时对护士的工作极感兴趣?"

"是的，印象很深刻。"

多娜的母亲接着说："嗯，多娜打算做一名护士。她接受培训，并以优异成绩毕业，在一家医院找了份不错的工作，结识了一位年轻的医生并相爱结婚。婚姻很美满，现在已有了两个漂亮可爱的孩子了。多娜告诉我不要忘了向您提起那次车祸是她一生中最大的幸事!"

或许正如约瑟夫·艾迪逊所说："在人生的旅途中，真正的幸事往往以苦痛、丧失和失望的面目出现；只要我们有耐心，就能看到柳暗花明。"

中学生微笑的好处

"笑对人生"不是肤浅地指面对困难或挫折只要笑一笑，困难和挫折便会为你自动让道，而是指在追求目标的过程中，当你面对挫折时，要凭着锲而不舍的精神，借着积极乐观的态度去克服、战胜它。

有时人生正如一本很厚的书，书中有甜酸苦辣，还有喜怒哀乐；有得意的辉煌，更有失落的懊丧。所谓的"万事如意"，"心想事成"，那也只不过是人们良好的祝愿罢了。中学生在人生中，时刻保持一种"悲痛无所谓，微笑对人生"的态度就是最值得珍重的。世界文坛巨匠巴尔扎克所说的"胜利和眼泪，这就是人生"这就是至理名言。

笑对人生，其实便是博爱，是对世界万物的关爱，是胸怀坦荡，是坚韧自强。行至水穷处，坐看云起时。笑对人生，是物我两忘，是淡泊人生。只要能笑对人生，还有什么痛苦无法承受?

中学生要学会微笑面对人生

当中学生面对坎坷和挫折的时候，有的人会振奋精神和奋力拼搏，你们把坎坷当作攀登高峰的阶梯，把挫折作为创造辉煌的伴曲，就因为这样，所以你们的人生之书该是得意之作。然而也有一些人，或怨天尤人，牢骚满腹；或一蹶不振，要不就是精神萎靡；有的甚至因此而轻生，想告别生命。如果和那些残疾人相比，这些人无疑是生活的弱者。在你们的人生之书中，平淡无味，缺乏那绚丽的七彩阳光。

或者说，笑对人生是一种境界。也许阅历丰富的老者们都知道，而壮志凌云的少年狂者却一点也不清楚；也许淡泊明志的圣人们都知道，而那些急功近利的小人们却一点也不知道，但是它却是度过暴风雨的法宝。

总之，人生苦短，韶华易逝，又何必让那一件件愁事侵扰自己，让这些无形的刀来伤害自己的生命呢？抚今追昔，历史长河中，曾经有过多少人正是悟不透这简单的道理，最后使自己陷于不快，而轻薄了生命。一直很欣赏的一句话：生命是自己的父母给的，不可以不珍惜，如果能常常想起这句话，那也许会对人们有益。

9. 帮助他人，美丽心灵

生活中，遇到挫折是在所难免的。每个人都会有面临困境，需要别人帮助的时候，因为跌宕起伏的人生不可能事事一帆风顺。没有人富有得可以不需要别人的帮助，也没有人穷得不能在任何方面给他人帮助。换一种角度考虑，其实帮助别人也就是帮助自己。想想那些舍己为人的英雄楷模，想想那些默默无闻的幕后英雄，我们就应该放开胸怀，去尽力帮助那些自己有能力帮助的人，多行一件好事，心中便会更加泰然。

又是一个阴雨连绵的午后，下个不停的雨让人情绪低落。一个老妇人走进匹兹堡的一家百货商店，漫无目的地闲逛着。售货员们都看出了她并无意购买，所以看了她一眼后，又都自顾自地忙着整理货架上的商品，生怕被老妇人打扰。

但是，一名年轻的男店员见到老妇人后，并没有回避，而是立刻上前礼貌地和老妇人打招呼，询问老妇人是否有需要他提供服务的地方。老妇人坦率地告诉年轻店员，自己只是进来避雨而已，并没有打算买任何东西。年轻店员听后，微笑着对老妇人说："即便如此，您仍然很受欢迎。"年轻店员陪老妇人聊着天，回答着老妇人的一系列问题。当老妇人要离开的时候，年轻店员将老妇人送到街上，并为老妇人把伞撑开……老妇人向年轻店员要了一张名片就径自走开了。这件事过了很久后一天，当年轻店员已经忘记了这件事时，他突然被公司老板叫到办公室，老板递给了他一封信。信就是那天到商店避雨的老妇人写来的，老妇人要求这家百货商店派这名年轻店员前往苏格兰，代表该公司接下装潢一所豪华住宅的订单。当年轻人接下这项交易金额数目巨大的订单后，才明白，原来这名老妇人竟然是美国钢铁大王卡耐基的母亲。

当年轻店员完成任务重新返回公司后，立刻得到提升。所以，为别人撑开雨伞，撑起的可能就是一片属于自己的碧海蓝天。

帮助他人，快乐自己

帮助他人是一种优秀的品质，当我们帮助他人时，我们自己也会感到高兴，会见到生活中一张张灿烂的笑脸。帮助他人，收获快乐，一直是社会上提倡的美德。当看到有人尊老爱幼，扶贫助残时，当看到有人拾金不昧，热心助人时，每个人的脸上都会绽放出灿烂的笑容。

是的，小到公交车上为老弱病残让座，大到国家之间的人道援助、经济扶持，生活中无处不体现着互相帮助的真实内涵。伸出一只手，也许不能擎起一片天，但只要能遮挡住丝缕阳光，别人就已经得到了一丝阴凉。

助人为乐一直是中华民族的传统美德，也曾涌现出不少令人敬佩的榜样：雷锋、丛飞……数不胜数，他们中有普通的工人，也有朴实的农民。他们都在用自己的行动和力量去帮助需要帮助的人，用自己的爱心去温暖这些人的心灵。社会的繁荣兴旺离不开人与人之间的互相帮助。许多工作也不是一个人就能完成，它需要大家通力合作，互相帮助，互相鼓励，才能圆满成功。当我们帮助了他人，一种愉悦的欣慰便会油然而生。如果世界充满关爱与帮助，那么生活给人的感受就像驰骋在一望无际的原野，令人心旷神怡，醅畅淋漓。

帮助他人，美丽心灵

当你把最好的给予他人，也会从他那里获得最好的。你付出的越多，你得到的也越多。你越吝啬，就越一无所有。只有那些乐于帮助他人的人才会得到别人的尊重。有一个大家都很熟悉的小男孩的故事，小男孩出于一时的气愤对母亲喊他很憎恨，然后，也许是害怕受到母亲的惩罚，他冲出家门，对着山谷喊道："我恨你！我恨你！"接着山谷也传来："我恨你！我恨你！"小孩很害怕，跑回家如实告诉了母亲，山谷里有个很可怕的声音说恨他。母亲把小男孩带回山边，并要他喊："我爱你，我爱你。"小孩照着做了，而这次他却发现，有一个很好听的声音在山谷里对他说："我爱你，我爱你。"

生活就像是一种回音，你送给它什么它就送回给你什么，你播种什么就收获什么，你给予什么就得到什么。只要你付出了，就会有收获。当我们帮助他人的时候，我们付出的是自己对别人关心和爱护，就仿佛给别人的生命之树掬一捧清泉。助人为乐是不竭的动力，我们付出得越多，内心就会越充实，幸福感就越强烈，因为帮助他人是一种美好的品质，展现出我们美好的道德情操。

身处逆境还不忘帮助他人，靖江14岁的范鑫荣获省"十佳春蕾女童"荣誉称号。范鑫家住江苏省靖江市靖城镇宜家村，是该市越江小学六（2）班的班长，并是学校少先队副大队长。范鑫6岁时，她的母亲不辞而别，从此，懂事的她便跟着父亲和年迈的奶奶一起生活，三口人靠父亲农闲打工和耕种家中的一亩田维持生活，经济拮据，平时做饭都舍不得用液化气。范鑫放学后经常帮奶奶到田间拾树枝和麦秆做柴草。班主任马老师介绍说，范鑫为补贴家用，经常利用休息日，提着垃圾袋拣废弃的塑料瓶和废纸卖钱。但她勤奋刻苦，成绩一直很好，年年被评为优秀学生。

与范鑫同班的小彬家住农村，父母离异后产生厌学情绪。范鑫知道后，便主动找小彬聊天，帮他恢复信心。2007年10月，小彬因父亲生病住院生活失去了着落，常常没有午饭吃。范鑫每天中午都将从家里带到学校的饭菜匀出一份，用饭盒装好后送到小彬家，帮助小彬度过了那一段困难时期。有一次，驻靖江某部队的士兵到学校看望3名长期结对帮扶的对象，范鑫便是其中之一。慰问士兵刚刚离开，范鑫就将一大袋慰问品分成两份，把其中一份送给了小彬。

每逢开学，学校都要组织向外来民工子女"献爱心"的活动。每次范鑫都捐钱给需要帮助的学生，尽管不多，但都是她从原本很拮据的生活费中省下来的。在江苏省"十佳春蕾女童"表彰大会上，范鑫获得了省妇联奖励的200元奖金，在回校后学校组织的赈灾募捐活动中，范鑫将200元钱全部捐给了地震灾区的小伙伴们。

人字的内涵就是相互支撑，每个人的成长都离不开他人的帮助。正是有了长辈的关爱，我们才得以健康地成长；正是有了老师的启蒙，我们才找到了人生的方向；正是有了同学的帮助，我们才懂得了友情的珍贵。予人玫瑰，手中留香。

10. 善于赞美他人，为人际关系加分

赞美是发自内心深处的对别人的欣赏，然后回馈给对方的过程；赞美是对别人关爱的表示，是人际关系中一种良好的互动过程，是人和人之间相互关爱的体现。每个人都喜欢受到别人的赞美。即使是一句简单的赞美之词，也可使人振奋，使人得到自信和不断进取的力量。

从心理学角度来说，赞美也是一种有效的交往技巧，能有效地缩短人与人之间的人际心理距离。

翠翠是一位高中生，她因为宿舍中人际关系紧张而苦恼。在宿舍里同学们互不来往，各自忙着自己的事情，似乎相互有戒心，很难知心交谈，宿舍气氛沉闷，她希望改变这种状况，但又不知从何做起。心理医生告诉她：从现在开始，试着夸奖他人，如："你今天气色很好!""你的眼睛真亮!""这件裙子对你再适合不过了!"等等。不久以后，她去找心理医生说："宿舍的气氛完全变了样，大家相互帮助，彼此关心，在一起时有说有笑，下课后都愿意回宿舍，好像宿舍有一种无形的吸引力。"

赞美他人的好处

赞许别人的实质，是对别人的尊重和评价，也是送给别人的最好礼物和报酬，是搞好人际关系的一笔暂时看不到利润的投资。

1. 赞美他人体现了一种智慧。现实生活中，有许许多多的人不习惯赞美他人，因为不善于赞美别人或得不到他人的赞美，从而使自己的生活缺乏很多美好愉快的情绪体验。

2. 喜欢听好话受赞美是人的天性之一。每个人都会对来自社会

163

或他人的得当赞美，而感到自尊心和荣誉感得到满足。试想，当我们听到别人对自己的赞赏，并感到愉悦受到鼓舞时，不免会对说话者产生亲切感，从而使彼此之间的心理距离缩短、靠近。人与人之间的融洽关系就是从这里开始的。

3. 赞美是良药。实事求是的赞美，就像一剂良药，能够愈合对方因为错误而引发的心灵创伤和悔恨，除去心头的痼疾，矫正行为中的错误，增强其改过的信心。正如英国著名政治家邱吉尔所说："你想要人家有什么样的优点，你就怎样去赞美他吧！"赞美往往会激发听者的自豪和骄傲感，从中了解自己的优点和长处，认识自身的生存价值，从而融洽和谐人际关系，创造美好的心境。

中学生要善于赞美他人

1. 要做到及时赞美。任何表扬、赞美及批评都需要及时、恰如其分地把握好时机。如果别人做完某件事情或正在做某件事情，就要给予适当的赞美和鼓励，这样会起到很好的激励效果。特别是对那些有自闭心理的中学生更应如此。

2. 把握赞美的分寸。有一位哲人曾说："过度的赞美就会失去赞美本身的作用。"当中学生通过自己的努力而取得了优异的成绩，或者他做完了他要做的事情，都要给他适当的赞美。

3. 要坚持原则。由于现在独生子女较多，大多父母都过于溺爱你们，于是，就无原则地对中学生的种种行为加以赞美，最终会造成你们不分是非、跋扈蛮横的不良习惯。

4. 要学会当众赞美。当中学生做了好事或帮助别人时，父母或老师要当众表扬或赞美。这样，中学生们就会养成助人为乐、懂礼貌的好习惯。

5. 根据事情的大小来赞美。当中学生因为帮助老人过马路了，这时，最好不要直接赞美他整个人，要根据他的行为品德来赞美他。

注意不要夸大其词，不然会使他们沾沾自喜、自认为了不起。

11. 心存善意，快乐成长

"人之初，性本善"。一个人无论他如何改变，在他诞生之初的那丝善意是无法改变的。善意是人们根植于心的爱。一个人能心存善念，时时刻刻为他人着想，他得到的也往往是美好的回报。任何一个人的成长都离不开善意的相随，而且在成长的每一个阶段都应该对心灵的发展有所重视。尤其是在中学时代，这个时代的学生心灵波动是最大的，心灵的成长常常会受到外界因素的影响，如果不注意加深心底的善意，就很有可能走上与爱相悖的方向，但只要心存善意，终会一路畅通。

一场巨大的暴风雨过后，海里许多条小鱼被卷到海滩上，一个在海滩上玩耍的小男孩每捡到一条便把它送回到海里，他不厌其烦地捡着，就在他捡得正起劲的时候，一位路过此地的老人对他说：你一天只能捡到几条，有必要吗？小男孩一边捡一边说道，起码我捡到的鱼，它们都得到了生的希望。老人听后，一时无语。另外一则是：在巴西的灌木从中，一位猎人射杀了一只猎豹，但这只豹子竟忍痛拖着已经流出来的肠子，爬了半个多小时，来到两只幼豹面前，喂完最后一口奶后，才倒下死去。看到这感人的一幕，这个猎人流着眼泪将猎枪折断，发誓从此以后绝不再打猎。

如果说前一则故事中小男孩拥有一颗原始的善心，那后一个故事中猎人的良心发现，也不失为一种"善莫大焉"。

善意，与你同行

田世国，一个家喻户晓的名字，他的善行使得他用自己的身体为世交上了一个关于爱的答卷。在他的事业发展到如日中天的时候，却传来了母亲病危的消息，在极需换肾的情况下他毅然决定把自己的肾回馈给了病危的母亲，母亲得救了，而他却更忙了，他忙碌着编织各种理由让母亲放弃寻找肾源，忙着挣钱支付母亲的医疗费用。他的善行是发自内心的，他对母亲的爱是真挚的，他的孝道无疑让天下所有母亲收获慰藉。

孔子曾说过："老有所终，壮有所用，幼有所长，鳏寡孤独废疾者有所养"，孟子也大力倡导"出入相友，守望相助，疾病相扶，则百姓亲睦"。善心能够化解人世间的一切怨恨，甚至能够包容误解。存一颗坦坦荡荡的心灵，存一颗自由自在的灵魂，就自会生出强劲的生命；有了光明的心灵，你才能够看到眼前无限的光明。

人世间什么东西最宝贵？这个问题法国作家雨果的答案给得好：善良。善良是历史中稀有的珍珠，善良的人几乎优于伟大的人。中国千百年传统文化历来追求一个"善"字：待人处事，强调心存善良、向善之美；与人交往，讲究与人为善、乐善好施；对己要求，主张独善其身、善心常驻。一位名人说过这样的一句话：对众人而言，惟一的权利是法律，对个人而言，唯一的权利是善良。

美国作家马克·吐温把善良称为世界上一种通用的语言，它可以使"盲人"看见，使"聋子"听见，心存善良、爱心，让人的心滚烫，情火热，可以驱赶寒冷，横扫阴云，善意产生善行，善行带动爱心，同善良的人接触能使人智慧得到启迪，情操更加高尚，灵魂更加纯净，胸怀更加宽广，与善良之人交往，不必设防，坦荡安然。

播种善良，方可收获希望。一个人可以没有让人惊羡的姿容，也可以忍受"缺金少银"的日子，但是如果没有了善良与爱心，人的生命之舟将会搁浅和褪色。因为，善良与爱心是生命的黄金，多一些善心，多一些谦让，多一些宽容，多一些理解，少一些指责，少一些抱怨，让我们的生活充满美好与快乐，体会生命的尊严与价值。

心存善念，美丽人生

有这样一个故事：一个潜逃多年的杀人犯，终年在外逃命奔波，因为极其思念妻儿，便偷偷潜回了自己以前住的小城，但他刚下火车，就被警察盯上了。情急之下，他冒险潜入车行道拦住了一辆出租车，并蛮横地将司机拽下来，疯了一样地开车在大街小巷横冲直撞，连闯红灯，并撞翻了一个个小摊位。他清楚地知道自己被抓到后等待他的会是什么，他在恐怕中丧失了理智。随着身后警笛的呼啸而来，他把油门踩到了底。但在一个十字路口红灯时，所有的车都停了下来。他也猛然间狠狠踩下了刹车，原来前面的人行横道上，有一队小学生正在列队而过。这些学生，穿着统一的校服，一个个背一个小书包，手上拎着小凳子，好像要去哪里聚会，队伍很长，过得也很慢。看着看着他猛地想起来，今天是"六一"儿童节。为了逃亡他拼尽了力气，什么都敢撞，但现在他却没了勇气，一直默默地注视着横过马路的人们，直到警察铐住了他，他仍然在看着。

每一个人的本性都是善良的。即使是那些失去了本性的人，也会有善念产生的时候做出善意的行为。善念可以让一切走向正途，我们应当永远心存善念。不但要用自己的善念去对待善良的人，还要用自己的善意去对待那些误入歧途，一时失去了善念的人。正如法国作家雨果所说的："人世间最宝贵的是善良。"善良是历史中稀有的珍珠，善良的人优于伟大的人。

孟子云："善不可失，恶不可长"你不可能为所有人做好事，但可以向所有人展示你的善良。中学时代是动荡摇摆的时代，是心灵成长极为浮躁的时代，压下这种浮躁的方法就是心存善念，不可让外界诱惑毁了你的善根。

12. 以诚待人，平等交往

高尔基说："真正的朋友，在你获得成功的时候，会为你高兴；在你遇到不幸和悲伤时候，会给你及时的支持和鼓励；当你有缺点可能犯错误的时候，会给你正确的批评和帮助。"当代中学生具有强烈的"友谊"需求，它不仅在学生的心理发育中产生着不同影响，而且在学生品德、学习等方面也产生着积极或消极的作用。因此，中学生正确择友、培养良好的人际交往能力至关重要。

著名的教育家卡耐基说："一个人事业的成功只有 15% 取决于他的专业技能，另外的 85% 要靠人际关系和处事的技巧。"所以，中学生要懂得合理地与人交往，团结好他人，这才是成就美好人生的关键。

人与人之间是存在千差万别的。性格与所处的家庭环境等都存在了一些很大的差异。这些差异，不是与生就有的，有的是自己天生就形成了这样的性格或是脾气，但是有些则是后天才有的。在这么多的差异里面，如果自己做到平等地对待身边的人，学会用自己的真诚去改变自己，并克服自己的不良的心理障碍，继续向前看，这样也许自己会有一个很美好的人生收获。

小牛自从进入了高二以后，迷恋上了上网。每次一上网就是好多小时。原来，他在网上认识了一个女孩。并且他经常哄骗那个女孩，应该怎样对他，他把自己说的多么伟大，是个好学生什么的。于是，一次，同班的同学也爱上网，发现了他在网上爱欺骗人以后就很讨厌他，并且此后全班就没什么人喜欢和他交往了。

这个事例说明了小牛的不真诚，喜欢欺骗人。即使网络对于现代人来说，是不真实的世界，可以说网络很虚幻。但是也不能违背做人的原则。做人就应该以诚相待，这样才能对人对己有好处。像小牛就是自己给自己挖了一个很大的坑，要知道纸里是包不住火的，自己的不真诚会很快被大家所知道，最终导致自己的人缘上的失败。

不真诚心理产生的原因

中学生在生长发育时期，容易产生不以诚相待的心理，这是有一定的原因的：

1. 家庭原因。家庭常常是影响中学生不健康心理的一个重要的因素。爸爸妈妈在你们小时候就喜欢不真诚，做人很圆滑，这就使你们形成了一种爸爸妈妈就是那样的心理，而我为什么不能呢？就给你们在心理奠定了深厚的不真诚的心理基础。

2. 受周围环境的影响。上学时，有些同学做事情就是不真诚，同学们之间的接触是最多的，有些学生不良的心理促使一些学生也仿效，就形成了不真诚的心理。

3. 自私的心理。往往大多数的不真诚都是源于自己内心的贪婪。很多的事情都是觉得只有自己是好的，而忽略了其他人的感受，不能正确地接受他人。

4. 对别人歧视。有些学生天生就有了一些生理上的或是心理上的缺陷，此时同学通过在一起，了解到了别人的短处之后，不能一平常人的眼光去看待别人，总觉得别人都是有"病"的那种，从心理不愿意去接受有缺陷的人，所以不能平等地交往。

中学生要以诚相待

生活中很多的事情都是避免不了与人接触的，许多事都不是仅靠自己都能顺利地完成的，特别是中学生时期，对人生，也刚刚是一个开始。在人生的交往中，往往会有这样那样的事情等待着自己去和别人去在共同的接触中才能够去做好。这就有了人际的日常交往。

在与人交往中，要学会以诚待人。不要把自己想得多么得完美，任何天生上的缺陷或是不足都是不值得让自己不平衡。每一个人都有自己交往的自由，都能保持一种很正常的交往。

以诚待人，是自己去用自己的真心去对待别人，把自己的真实的一面展示给别人，让别人的心中有一个最真的自我。

要想以诚待人，就要用别人的眼光去看待问题，学会用平等的心去对待别人，而不是这个人很好，对那个人的印象不好，就不去关注他。那样都是不对的。要在平等、诚信的基础上建立彼此间的交往。在中学生的交往过程中，绝对不能因为歧视他人的出身不好，或是相貌上的缺陷、经历等而对别人"另眼相看"。

学会做个真诚的人是很重要的，那样可以让自己成为一个在人际交往上很有魅力的人，善于维持人际关系的人也是最真诚的人。

13. 信守承诺，绝不食言

一诺千金，诚信无价。

承诺便应守诺。你无论对任何一件事许诺的时候，都必须慎重地掂量，它价值千金！无论对大人对小孩，对恋人对仆人，对妻子对父母，对同事对朋友，对上司对下属，对名人对凡人，对老师对同学，对什么人都是这样。也无论大的许诺小的许诺，眼前的许诺将来的许诺，任何许诺都是这样，在何时，许诺也都是这样。你的许诺价值千金。

做出许诺之前，你首先得掂量它对人有无意义，价值几何，凡对人没有意义和价值的许诺，你决不可发出。其次，你得掂量你有无时间、精力和才能实现你的许诺，如果没有足够把握时你决不可做出。你还得多方估计，实现你的许诺是否还需要其他条件的辅助，你具备那些条件吗？凡没有把握实现时，你最好不要做出许诺。

当然，如果你嫌这样太瞻前顾后，太谨小慎微，有时你也不妨做出一些大胆的许诺。只是你在做出许诺的同时，必须告诉对方可能出现的各种麻烦和不能实现的可能性，亦即不要把话说得太绝对，以让人家事先有思想准备，一旦未能实现，不至于过分地对你失去信任。

你在许诺时如果未留任何余地，那就想方设法地实现它，以后也不要寻找任何不能兑现的理由。说话未能做到，许诺未能兑现，即使你把理由说得头头是道，极为充分，人们也不会十分相信的，也许口头上暂时理解你，宽恕你，可是内心深处无疑添进了一丝不信任你的念头。若第二次、第三次仍然如此，他再也不会谅解你，相信你了，你便失去了信誉。

生活中，信守诺言和约定，看起来似很简单，做起来却相当困难，你只要稍有疏忽，就可能无法赴约。有时候你认为别人可能不需要你的服务，如果这种自我安慰的想法让别人知道了，就会让别人觉得你是个懒人。

而且你可能也有侥幸心理，以为别人能原谅自己，你这种怠惰的心理让人一看便明白了。

所以，你在对待别人时，千万别轻易许诺，许了诺，便一定遵守，别人会为你的态度所打动，他们认为你是一个守信者，从而会信赖、依靠于你，你在生活中便会战无不胜，攻无不克。

一个人的信用越好，就愈能成功地打开局面，做好工作，你应对的人员愈多，你的事业就做得愈好。

所以，你必须重视你自己所说的每一句话，生活总是照顾那些讲话算数的人，食言则是最不好的习惯，人生要成功，当必须改变自己这一项致命的缺点。

不管你在何种情况下做什么事情，但你总要对自己所说的话负责。

你用自己的行动说服别人的异议，让他们亲眼看到你所做的都是为了他们的利益。为了遵守诺言，你可以放弃其他的，给人一个可信的面孔。

你要让你的信用代表你，让你的名字走进每一个与你打过交道的人心中，你要使他们信赖你，觉得你是一个可靠的人。

如果你以前没有运用这个秘诀，那么，你现在便开始吧！

一个人的功成名就，外界客观因素只是起一个辅助作用，最主要的是靠自己的奋斗与努力。信誉也只能由自己去博取，决不能依靠别人的施舍。男子汉大丈夫，就应当"金口"一开，决不食言。

获得众人的信任，铸就自己的信誉，不论你采取何种方法，但笃诚、守信及勤劳是根本的要诀。

如果说实现对自己许下的诺言是负责任的表现的话，那么同样地，别人遵守诺言也是诚实、负责的表现。

承诺的力量是强大的。遵守并实现你的承诺会使你在困难的时候得到真正的帮助，会使你孤独的时候得到友情的温暖，因为你信守诺言，你的诚实可靠的形象推销了你自己。

14. 宽容与尊重的美德

中学生的宽容心是一种非常珍贵的感情，它主要表现为对别人过错的原谅。它不仅是你们的一种美德，更是一种人生的境界。宽容了别人就等于宽容了自己。

在人生的长河中，每个人不可能都是一帆风顺的。在人与人交往越来越频繁的今天，一个不懂得宽容的人是很难在社会竞争中取得成就的，因为他缺少别人的支持。宽容不仅会让你们减少仇恨、暴力和偏执，同时还能影响你们以善良、尊重和理解来对待别人。

宽容，就是宽恕容忍，就是能容纳异己和接受与自己愿望不符的人或事。所以宽容的人能处理好各种人际关系，能很快地适应各种不同的环境，能融洽地与人合作，充分发挥自己的潜能。而缺乏宽容的人，往往性情怪诞，易走极端，不容易亲近人，因而人际关系往往不好，在社会上难以立足，更谈不上大有作为。因此，中学生必须要培养自己的宽容之心。

李先生家兄弟三个，就他生了个儿子，全家人当作宝贝似的，爷爷奶奶更是疼爱有加。小龙玉上学校时，和小朋友一起玩，不小心刮破了脸或是磕破了腿，奶奶便找老师评理。在爷爷奶奶的庇护下，小龙玉渐渐变得骄横起来。一次，小龙玉与同学抢乒乓球台，同学找来自己的哥哥打了小龙玉。李先生知道后勃然大怒，狠狠地说："没出息的东西，打不赢还有脸回来哭！下次人家打你还不敢还手，回来老子揍扁你。"此后，小龙玉无心学习，整天带领一帮同学打架斗殴。李先生感到痛心疾首，可已经管不了孩子了，小龙玉后来被学校开除了。

这个事例说明了中学生喜欢惹是生非，并且看到别人都不束缚，那是心理狭隘的表现，中学生们在青春时期，过多的复杂心理侵蚀着中学生的健康成长，让你们从小就有一种不宽容的心灵，那是不好的心想，应该及时地让中学生去改正。

中学生缺少宽容与尊重

现在的中学生很少有宽容之心，大都以自我为中心，不管发生什么事情，很多人首先想到的是自己，而不是别人。其实，一句"对不起"，一句"没关系"，就完全可以把复杂的事情变得简单，这种话语上的习惯可以帮助中学生学会宽容。

中学生的世界很简单，但内心却是火热的。古人云：人之初，性本善，中国古代许多思想家都很重视宽容的品质。如，孔子说，一个真正的人要有宽容、恭敬、诚信、灵敏、慷慨五德。近代民族英雄林则徐指出:"海纳百川,有容乃大。"一个宽容的人,他的人格才会像海一样伟大。不论古今,宽容都是每个人必备的品质,是为人处世最基本的需要。

中学生要学会宽容与尊重

中学生的品性与心智的培养可能会影响其今后的人生质量,那么应该怎样培养宽容与坚毅的性格呢?

中学生们一定要学会理解他人。理解能带来宽恕,宽恕能带来和谐。中学生们应该明白,人人都有缺点和不足,只要不是特别过分,就应该理解和宽容。

三国时期的蜀国,在诸葛亮去世后任用蒋琬主持朝政。他的属下有个叫杨戏的,性格孤僻,不善言语。蒋琬与他说话,他也是只应不答。有人看不惯,在蒋琬面前嘀咕说:"杨戏这人对您如此怠慢,真是太不像话了!"而蒋琬却坦然一笑,说:"人嘛,都有各自的脾气秉性。让杨戏当面赞扬我,那不是他的本性;让他当着众人的面说我不好,他也会觉得我下不来台。所以,他只好不做声了。其实,这正是他为人的可贵之处。"后来,有人赞蒋琬"宰相肚里能撑船"。蒋琬之所以能够"宰相肚里能撑船",正是由于蒋琬能够理解杨戏的不足。

这个故事足以说明理解别人的重要性。所以,中学生要学会以一颗平常心来对待别人,真正理解别人。因为每个人都有这样或那样的缺点,也会犯这样或那样的错误,而只有学会理解别人,才能容忍别人的缺点和错误。也只有这样,才能真正体会到宽容的意义。

一个不肯理解别人的人,就是不给自己留余地,因为每一个人都有犯过错而需要别人理解的时候。因此,中学生要在与同学或小伙伴的交往中学会理解他人。

中学生在与同伴交往的过程中,要特别注意理解和宽容比自己

强的同伴、比自己"差"的同伴以及自己的竞争对手。学会不嫉妒
比自己强的同伴，不嘲弄比自己"差"的同伴和不故意为难自己的
竞争对手。只有真正学会了理解，才能真正做到向比自己强的同伴
学习，帮助比自己"差"的同伴，学会与竞争对手合作。也只有通
过交往，才能体会到宽容的意义，体验到宽容带来的快乐。

朋友是人生里不可或缺的一部分，一个人如果拥有宽容的心，
从容地进行人际交往，那就能交到更多的朋友，学到更多的知识，
人生的花儿也就会开得更鲜艳。

15. 学会欣赏他人

有一首诗写道："梅雪争春不肯降，骚人搁笔费评章。梅须逊雪
三分白，雪却输梅一段香。"诗中的梅和雪形成鲜明的对比。梅和雪
都是只看到自己的长处，不看对方的优点，以至于一味的孤芳自赏，
自视高人一等。梅和雪，哪一个更好呢？它们是各有所长吧。

有句话说的好，"每个人都有闪光点，只是你没有发现"。一棵
树，若花不好看，也许叶子好看；花叶都不足看，也许枝干错落有
致；花叶枝干皆不中看，也许它生长的位置好，在蓝天的衬托下，
远远看起来有些美感。而作为中学生，更应该学会欣赏别人的优点，
在别人的优点中看到自己的不足，然后不断完善自我，超越自我。

有这么一天，著名作家屠格涅夫在斯帕斯科耶打猎的时候，无
意在松林中捡到一本皱巴巴的《现代人》杂志。然后他就那么随手
翻了几页，竟被一篇题名为《童年》的文章所吸引，然而作者却是
一个初出茅庐的无名小辈，在文坛上没有一丝的名气，但屠格涅夫
却十分欣赏，钟爱有加，觉得这人是个不可多得的文学奇才。

后来，著名作家屠格涅夫就到处打听这写《童年》小说的作者，

最后他找到了作者，并且还了解到作者两岁丧母，七岁丧父，是由姑母一手抚养照顾长大的，屠格涅夫更是给予了极大的同情和关注。

然后收养他的姑母就很快写信告诉自己的侄儿："你的第一篇小说在瓦列里扬引起了很大的轰动，大名鼎鼎、写《猎人笔记》的作家屠格涅夫逢人就称赞你。他说：'这位青年人如果能继续写下去，他的前途一定不可限量！'"

这位作者在收到姑母的信后，很兴奋，觉得不敢相信。因为他本来就是因为生活的苦闷而信笔涂鸦打发心中的寂寥，并没有什么要当作家的非分之想，然而正是由于家屠格涅夫的欣赏，竟然一下子就点燃了他心中写作的火焰，并且从中找到了自信和人生的真正价值所在，于是一发而不可收地写了下去，最终成为具有世界声誉的艺术家和思想家，他就是《战争与和平》、《安娜·卡列尼娜》和《复活》的作者列夫·托尔斯泰。

由此可见，世界其实并不是缺乏美，缺乏的是发现美的眼睛。孔子曾经说过："三人行，必有我师焉。"欣赏别人，要的是宽阔的胸襟，不要狭隘的孤芳自赏。欣赏别人不但是对别人的肯定，也是对自己的进一步认识。于人于己，欣赏别人有百益而无一害。因此，我们要擦亮那双被世俗的尘埃迷糊的眼睛，以肯定的目光看待别人，以欣赏的目光注视别人。

欣赏他人，完善自我

大部分的人都会发现批评别人，贬低别人要比赞赏别人的优点容易得多。但是看别人的优点比起看别人的缺点，好处也要多得多，而且把注意力集中在别人的优点上，也可以使自己能够学到别人优点。那么作为中学生的你又该怎样以新鲜的方式和积极的眼光去看别人呢？你要是能发现别人的优点，那你与别人的关系也会变得更为和谐，这也是你的成功的一部分。

很多中学生都知道大脚马皇后了，这个人物形象。马皇后是朱元璋的原配，算是个草莽皇后。这个和尚出身的皇帝，虽然缺点特别的多，但是他却有一个值得人们学习的优点，就是善于发现别人的优点。比如马皇后的大脚，在一片小脚当中那就是一种健康的美。"世上从不缺少美，缺少的是发现美的眼睛。"这是对朱元璋最大的总结。朱元璋常说"我通常夸一个女人漂亮；如果她不漂亮，我们可以夸她很有气质；如果她既不漂亮也没气质，我们可以夸她特别的善良。"

现实生活中，中学生要向朱元璋那样：多发现别人的优点，少去寻找别人的缺点，要多注意别人的感受，站在不同的角度特别是对方的角度来分析和处理问题，自然也就可以快乐起来。快乐不是别人给的，而是要自己善于发现，善于寻找。希望做个快乐的人，同时希望把自己的快乐带给身边的人。

中学生朋友们，当你们发现别人优点的时候，并且还为这些优点而赞美别人的时候，你们会发现，在日常接触中，所产生的种种不快与矛盾都可以春风化雨。大家还会因为你的真诚而被感动，同时自己也得到了赞美，这时的你们好像沐浴在无尽的友爱中，同时还会感觉到自己所处的世界是那么和谐和温暖。

不断发现别人的闪光点，从而博所众长，不但可以使自身不断完善、进步，也可以让自己的优点不断地发扬光大。

16. 用适当的方式处理友谊

父母与我们的成长相伴相随，朋友却与我们一生相守。没有朋友的生活就像一杯没有加糖的咖啡，苦涩难咽，还有一点淡淡的愁。

并伴随着无尽的寂寞难耐，让生命变得没有乐趣可言，更不可能焕发光彩。朋友是我们站在窗前欣赏冬日飘零的雪花时手中捧着的一壶热茶；朋友是我们走在夏日大雨滂沱中时手里撑着的一把雨伞；朋友是春日来临时吹开我们心中寒冬的那一丝春风；朋友是收获季节里我们陶醉在秋日私语中的那杯美酒。没有朋友的人的一生是空洞的。所以我们需要朋友，他们是可以陪我们走过风霜雨雪的人，陪我们感受爱恨癫狂、恩怨情仇的人，陪我们走过张扬的青春共同谱写一段光辉历史，编写造就故事的人……

培根曾说过："最能保人心神之健康的预防药就是朋友的忠言和劝谏。"

荷麦曾说过："友谊是一种温静与沉着的爱，为理智所引导，习惯所结成，从长久的认识与共同的契合而产生，没有嫉妒，也没有恐惧。"

纪伯伦也曾这样描述过朋友："和你一同笑过的人，你可能把他忘掉；但是和你一同哭过的人，你却永远不忘。"

远在美国留学的小春，以前自己的学习不好。常常跟他家邻居一个孩子小军在一起玩，爸爸妈妈怕他们玩影响学习，无奈之下就为了孩子的学习，把他想方设法送到了国外。就这样，小春和小军从此就很少有见面的机会。但是他们彼此还是一直维持着很友好的关系的，他们在不上课的时候，互相在网上发个邮件慰问下对方的身体情况以及学习的情况。特别是有一次，小春生病了。小军把药用特快汇到小春那里。小春很是感动，不久，小春病就康复了。

友谊是青春期的表现

在专家们针对中学生展开的关于"课余时间最喜欢和谁在一起"这一课题的调查中表明，有80%的中学生回答是：朋友。在对"心中有苦恼最想和谁谈"这一课题进行调查时，有69%的中学生回答是：朋友。而对"父母是否经常与你交谈"这一课题进行调查时，回答不谈的占 5%，有时谈的占 42%，经常谈的占 36%，而天天谈的只占 17%。在诸多的调查中显示许多学生即使和父母交谈，不愿把心里话告知父母，而更愿意告诉自己的好朋友，你们中大多数认为朋友可以理解自己的一些胡思乱想和异想天开想法，而这些想法却往往得到父母的训斥和不信任。

关于朋友，古往今来一直有例可寻。"诚""信""仁""忠"，这些对朋友的定义一直影响着我们，渗透进我们的生活，影响着我们的行为，并成为我们的交友的准则。"高山流水觅知音"、"飞蓬各自远，且尽手中杯""君子之交淡如水"等一系列故事是友情的深刻表现。

俗话说："在家靠父母、出门靠朋友"，一句俗话不仅表明了朋友的重要性，还说明了朋友的作用在于帮助，更在于相互依靠。但不是那种为个人私利，借朋友之名、用友情浇灌的，开出的朵朵邪恶之花的行为。这两者之间有很大的区别；前者是相互依靠、相互帮助，特别是在朋友困难时彼此依靠、鼓励、搀扶一起走出困境；而后者表明的却是在朋友春风得意时鞍前马后"浇灌"友情；朋友遇到困难时，弃之远去，雪上加霜，落井下石。

一直以来就有"患难见真情，烈火见真金"形容朋友之说，这也是我们对朋友的要求，同时也是判断友情真伪的一种标准。在该学习时拉你外出游玩，看到你家里有钱就对你前呼后拥的友情不是真友情；而在考试得意时的忠言逆耳、受批评时给你殷殷关切的友情才是真正的友情。在面对困难时一起攻克难关的朋友将铭记你青春留下的痕迹。

朋友，是与你一同走过青春岁月的人，他会在你高兴时与你分享快乐，在你幸福时使幸福增倍，在你困难时使困难分解，在你孤单时帮你驱走寂寞，你落魄时给你鼓励。朋友，是每个人都想拥有的人，是每个人都想变成的人。要让大家成为朋友，使朋友的关系不断巩固，需要一种叫友情的东西去浇灌。

求学的过程就是结交朋友的过程，从小学到初中到高中，这一路陪你相扶相持走过的都会是你铭记于心的朋友。中学时代是你正处在生理和心理年龄变化最敏感的时期，随着知识的丰富和眼界的开阔，会想着摆脱对父母的依附而走向自立，因此与同龄人之间就产生了共鸣，并因为内心的共同感受而相知相伴成为一生的朋友。他会与你一同走过青春的日子，为你刻下青春的痕迹。

朋友助你行

曾有人说过这样一句话："撇开友情就无法谈青春，因为友情是点缀青春的最美丽的花朵。"人生在世，除了拥有血浓于水的亲情之外，还会拥有弥足珍贵的友情。友情不仅为你的生活增添姿彩，更会成为你链接青春的纽带，链接那段神采飞扬的岁月。

校园中所结下的友情是最纯净的，没有受到丝毫社会大染缸的浸染，也没有掺杂任何的功利色彩。在学校里交下的朋友，没有受到激烈的竞争压力的影响，可以说是最可以信赖的。同学间打扫卫生时的相互帮助，跑操时的相互鼓励，吃饭时讲的笑话，学习时产生的争论……这些都是友谊在我们身上散发出的绚丽光环！能使我们身上散发出友情的香气！

当一个人与友情链接时，友情就会像干旱后的一场春雨，滋润着你心灵的每一寸土地，让你的心灵得到净化，展翅飞翔。友情在学校里链接之初是一块无瑕的美玉，即使沾上污迹也能将其抹去，但若步入社会后却会留下淡淡的痕迹，永远都抹不掉。与友情链接后，你会时而坚固，时而脆弱。只要我们心中有坚定不移的信念，友情将会比任何东西都要坚固；反之则如同玻璃杯一样脆弱。

与友情相链接的那头，朋友在你前行的过程中会给你指明方向，会为你解决困难，与你相知，理会给你关爱。他是与你朝夕相处的人不会因为你存在着一些微不足道的缺点，而到处乱讲的人。因为金无足赤，人无完人，更何况你的朋友也不是一个十全十美的人。

与友情链接的那头，朋友会是金，朋友会是银，朋友更会是阳光，是月亮。他会在你走向黑暗的时候，为你点亮明灯。不会人云亦云，散播对你有伤害的谣言；不会因为学习不如你而疏远你；更不会在你考得差时讥笑嘲讽。朋友是不会有私心的，他会在你需要帮助的时候，不顾一切的对你呵护的人，他会一直对你忠诚，你们以前承诺的一言一行他们都会兑现，不会因为有了新朋友而把你忘掉的人。

友情是无处不在的。成长的过程中你会结交形形色色的朋友，他们会成为你青春时代相处时间最长的人。人人生而平等，你若高高在上，总是以低头看的姿势对待他人，你的友情是匮乏的，你只有以人格相许才能得到对方整个人格的依赖，这是明白了人的尊严之后的宝贵一步，尽管这一步很短暂，其经验却影响一生。

中学时代是友情的基点，很有可能一个朋友就是一辈子，这是青春时代开始的过程，也是拉开友情帷幕的舞台。每个人都需要朋友。童年时我们需要一起玩乐嬉闹的伙伴；求学时我们需要互相学习，彼此鼓励的同学；工作后我们需要志同道合，把酒言欢的同事；暮年时我们需要情投意合，下棋对诗的老友。如果你没有朋友，没有体验过真正友情的人，那么你现在就要开始努力了，因为结交一个值得交往的朋友是一生的财富，没有友情相伴的青春是苍白的。

17. 不怀忌妒与狭隘之心

狭隘是指气量小、心胸狭隘。狭隘心理主要是嫉妒、孤僻、猜疑、神经质等不良个性造成的，这些都是狭隘心理的表现。目前，中学生普遍存在着心理脆弱的现象，经有关专家研究，其根源多是来源于心胸狭隘。

中学生狭隘心理产生的原因

中学生的狭隘心理主要表现是，当你们受到一点困难和委屈便会斤斤计较、耿耿于怀。有些中学生听到老师或父母批评两句就接受不了，甚至失声痛哭。你们只能听好听的而不能听坏的，只能接受成功而不能接受失败，如果稍微遇到一些坎坷和不如意，就出现过激行为导致害人又害己。有的中学生对学习和生活中的一点小失误就寝食不安，自认为是莫大的失败和挫折。心胸狭隘会降低人耐受挫折的能力，情绪也不佳，无法健康的与人交往。因此，狭隘是有百害而无一利，所以，中学生要改变这种不良的性格。

曾经小华和小梦是一对很要好的朋友，她们整天一起回家，一起逃课出去玩，总之，每天都形影不离。班上来了一个新同学，那个女孩坐在了小华的旁边，于是小华因为那个女孩刚来班里，还不是很熟悉班里的环境，就多带那个女孩去了解下学校。但是这时小梦心理很不舒服，她就在那个女孩晚上自习课放学以后偷偷地跟踪那个女孩，把那个女孩痛打了一顿，以解心头之恨。

这个事例就是很明显的狭隘心理的产生。小梦的心理出现了很严重的问题，她对自己的同班同学与自己好朋友的关系，感到心中十分不满，于是就酿成了这种后果。这其实是心理差异大的区别。

中学生在成长的过程中受多方因素的影响而形成狭隘心理，这一现象严重影响了你们的学习和交往，成为身心发展的障碍。有狭隘心理的中学生由于气量小，在学习和交往中很容易发生矛盾和冲突。其原因如下：

1. 受家庭的影响而产生的狭隘心理。中学生有狭隘的心理大多数和家庭的不良因素有关系。父母的心胸狭隘及不良的为人处事的方法，都潜移默化地影响着子女；优越的生活条件和对子女的溺爱都极易让子女形成任性、骄傲、利己的不良品质。使你们受点委屈就会耿耿于怀，对那些异己的人不愿容纳和接受。

2. 没有宽阔的思想而产生的狭隘心理。中学生由于年龄小，缺乏与社会的接触机会，由于没有丰富的知识经验和生活经验，当你们遇到问题时，容易把事情想得过于困难和复杂，由于看问题的绝对化和极端化，加上自己的能力有限，又不懂得向成年人求助而固执己见，听不进别人给予的观点和意见，稍不如意就在情绪上出现冲动和莽撞行为。有的中学生还把攻击对象指向自己，因此，容易产生紧张、焦虑，暴躁、敌对的情绪，严重的还会出现自伤的行为，最终导致伤人又害己。

3. 不良的行为影响而产生的狭隘心理。有狭隘心理的中学生只把目光投向自己，你们有唯我独尊、固执己见的态度，做任何事情都从自身的利益出发。因此，在交往过程中极力排斥"异己"，结果孤苦伶仃的一个朋友也没有。心胸狭隘的人在心里容不下超过自己能力的人，你们只和不如自己的人交往，追求少数朋友间的"哥们义气"，结果因为交际圈子小，出现孤独、寂寞和空虚的困扰，最终形成不良的心胸狭隘心理。

4. 长时间的生存封闭的环境。每个人的心理都是对客观现实动力的反映，然而，人的性格和品格都是生存环境影响的结果。可以这样说，一个人与环境的交流越多，那么他的开放心理就越大，心胸就越开阔；如果一个人生活在封闭、抑郁的环境中，那么，他和环境的交流就会越少，久而久之，思想和胸怀就会变得狭隘。

中学生如何克服狭隘的心理

1. 中学生应加强自身的人生观。生活在这个世上，我们就要充分地挖掘自己的潜能，为社会贡献出一份自己的力量，给别人留下一点有价值的东西。中学生应该把目光放长远些，可能你一时得不到利益，但是，你所做的一切对整体和全局有利，那你就很容易被别人接纳和认同。有狭隘心理的中学生要抛开"自我中心"，走出那个狭小的交际圈子，做任何事都不斤斤计较，一个人只有"心底无私"才能"天地宽"。

2. 给自己定一个积极的生活目标。卡耐基说："在生命中选择一个明确的主要目标，有着心理上及经济上的两个理由。"中学生要为自己定一个积极向上的目标，把眼光放远一些，譬如：你对自己的学习成绩不满意，想改变自己的学习方法，取得更高的分数。那么，首先你就必须为自己确立一个你所向往的明确目标，不要含糊其辞。这样你有一个积极向上的态度，狭隘心理自然而然就消失了。

3. 增强自身的集体荣誉感，中学生在进行人际交往时，与别人相处要热情、直率，要善于团结友爱、相互帮助，要真正地溶入到大集体中。经过彼此间的了解和沟通，你会更透彻地了解自己，开阔心胸、积极快乐地面对每一天。

4. 要勇敢地面对困难和挫折。中学生在成长的过程会遇到很多艰难和挫折，痛哭流涕是在所难免，但是焦急和忧愁并不能解决问题，还会对自身的健康也不利。因此，中学生在遇到困难时要学会

184

积极地面对困难，冷静地分析其中的原由，根据实际情况找出合适的解决问题的方法。这样，你就会在行动中感觉到自己的进步，狭隘心理自然就烟消云散了。

5. 开阔视野，丰富课余生活。当你休闲时，走出校园或家庭，投入到大自然中拥抱一下清新的空气。如果你没有时间，你可以在学校多参加一些有益的课外活动来拓宽一下自己的兴趣，让自己时刻体会到学习的乐趣，感受生活的幸福和美好，陶冶情操，在健康向上的氛围中减少心中的压力，从而消除狭隘心理。

6. 正确处理人际关系。"关门造车"是蠢人才会干的事情，中学生必须学会融"小我"于"大我"之中，自古以来就有"强中自有强中手"的说法。如果认识不到这一点，不愿结交意见相歧或强于自己的人，那你永远只能在你的小圈子中徘徊。只有热情、坦率地交友，虚心向别人学习，才能使自己发展进步，也才能更深刻地了解自己和他人，开阔心胸。

18. 学会换位思考

一位智者说过："把自己当做别人，把别人当做自己；把别人当做别人，把自己当做自己。"这句话告诉人们要学会换位思考。孔子说："己所不欲，勿施于人"。如果你没有换位思考，等待你的极有可能是失败、痛苦、沮丧、泪水，甚至于无底的深渊；如果你换位思考，迎接你的极有可能是胜利、轻松、希望、微笑、支持，甚至是至尊的荣耀。不夸大的说，天地之差，生死之别，尊卑之成因，好坏之缘由，可能仅仅是由于换位与否。

中学生在人际交流上具有这样一种心理特征：你们一方面渴望

得到别人的理解，但同时又很少主动地去理解别人，在对待老师方面，这一心理特征表现得尤为突出。在人际交往中要学会换位思考，不要只站在自己的角度去看待或衡量别人，要多站在别人的立场上考虑问题，学会换位思考，这样就可以减少矛盾和摩擦，因而也就能够形成良好的人际关系。

有一次，爱默生与他的儿子欲将一头牛牵回牛棚，两人一前一后使尽所有力气，牛就是不进去。这时，家中的女佣正好走过来了，她看见两个大男人满头大汗，于是便上前帮忙。她仅拿了一些草让牛悠闲的嚼食，并一路喂着它，就这样很顺利地就将牛引进了栏里。两个大男人顿时目瞪口呆。

其实，不同的人，内心世界肯定是不同的，而人的内心世界并不是绝对"秘不示人"。与他人交往中，如果我们能站在他人立场来考虑问题，就能很容易了解对方的心理。只有更多地了解对方的心理，在说话处事时对方才会乐意接受你的观点，引起彼此的共鸣。

换位思考，深入人心

在我们日常的生活中，由于人们在个性、价值观、生活经历等方面存在差异，所以人与人之间难免会发生冲突，磕磕碰碰。

中学生更是如此，遇到一点点小事，就因为别人的观点和自己的不同就认为别人的观点是错误的，自己才是对的，很显然这种想法是不可取的。就像螃蟹和乌龟在一起扯皮一样，一个说横着走才是对的，一个说直着走才正确，如果两人都坚持自己的观点，那么他们俩将永远也扯不清。如果螃蟹能够站在乌龟的立场上想想，就会很明白，乌龟从来都是直来直往的，并不像他们螃蟹横行于世，这样也就理解了乌龟的不横走的难处，两者也就不会永无止息地争下去了。

换位思考是理解别人的想法、感受，从对方的立场来看事情。但是不幸的是，许多人的换位思考却缺少了这一个要素。他们或是站在自己的位置上去"猜想"别人的想法及感受，或是站在"一般人"的立场上去想别人"应该"有什么想法和感受。这种换位思考并不是真的换位思考，而是以本位主义来了解别人的想法及感受，这并非真正地为别人着想，因为它忽略了"对方"真正的想法及感受。这种做法缺乏尊重，尊重别人的责任，尊重别人的能力，尊重别人的自主权。在与别人交往的过程中，别忘了换个位置思考，多一分理解与宽容。

俗话说，钓鱼要用鱼喜欢吃的东西，而不是人喜欢吃的东西。不是你以为别人什么样，别人就是什么样的。所以，当我们在与人交往的时候，要尽量多站在别人的立场上考虑问题；当你站在别人立场上考虑问题的时候，你说的话就能深入人心，你这个人也就更容易被大家所认可。

生活中，当我们说某些人有仁爱之心的时候，其实就是指他们总能够站在别人的立场思考问题，看待别人的时候能够很容易地推己及人，推人及己。其实，当我们为人处事真正做到站在他人立场上考虑的时候，不仅利人，而且利己。

学会换位思考是很重要的。一个人如果具备了这点，他便能使自己快乐，也同时使别人快乐。对于能换位思考的人来说，每天都是美的，每个人都是友好的，透过屏窗望到的是茫茫草原上白云朵朵，万绿丛中红花点点镶嵌之美景；而对于不懂得换位思考的人来说，每天都是最最痛苦的煎熬，每个人都会对别人冷眼旁观。伫立江边，看到的只是苍茫的海面上浮着片片白骨，以及那远处沙岛寸草不生之荒凉。

187

　　因此，中学生要学会通过有效沟通，让同学之间懂得尊重对方并且相互信任，彼此向对方靠拢，多站在他人的角度上考虑问题，不要出现"螃蟹和乌龟"现象。如果不能站在别人的立场考虑问题，就无法体会别人的难处、别人的感受，就不能使人际关系达到你中有我，我中有你的和谐境界。

换位思考，利人利己

　　一个小天使，他不明白为什么天堂里的人要比地狱里的人过得幸福快乐，于是就去问上帝。上帝没有说什么，只是先带着他来到了一个黑暗恐怖的地方，那里的人，一个个看起来都很凶恶，而且哭声喊声不断，那里就是地狱。在地狱里，有一个大锅，锅里放着很多勺子，只是这些勺子的勺柄都特别长，一个人用这个勺子根本无法喂到自己的嘴里。所以，小天使看到这里的人一个个都饿得瘦骨嶙峋。

　　然后，上帝又带着小天使来到了另一个地方，在这个地方，人们都是红光满面，一副快乐开心的样子。这时，上帝对小天使说："这里就是天堂了。"小天使发现，这里有着跟地狱里一样的大锅和长柄勺，只是这里人都用勺子喂别人吃，他们就这样你喂我，我喂他，围成了一个大圈；结果最后每个人都吃到了食物。小天使恍然大悟。

　　地狱里的每个人都只为自己着想，最后谁也吃不到食物；而天堂里的人都能站在别人的立场考虑，结果最后也兼顾了自己。其实，现实生活中的很多事情都是这样，很多的矛盾、问题之所以得不到妥善的解决，很大一部分原因就是我们没有站在别人的立场思考问题。当我们真正做到站在他人立场考虑问题的时候，收获无疑是丰盛的。

作为中学生，如果你想让别人的看法有所改变，而不伤害感情或引起憎恨，那就试着从他人的观点来看待事情。这样你不仅能减少摩擦和困难，还能得到友谊。因为别人之所以那么想，一定是有某种原因的。查出那个隐藏的原因，你就等于有诠释他的行为、他的个性的理由。这时如果你对自己说："如果我处在他的情况下，我会有什么感觉，有什么反应？"那你就会节省不少时间并减少苦恼。

换位思考的结果是双赢。深刻的道理，往往是简单的；而简单的道理，真正做到了就不简单。将心比心，设身处地，是达成彼此共同理解不可缺少的心理机制。身为一名中学生，你肯定也有被"冒犯"或者被"误解"的时候，如果此时你能深入体察对方的内心世界，站在对方的立场上体验和思考问题，那么，你就能够与对方在情感上得到沟通，进一步增进彼此的友谊。

18. 执著心态可以滴水穿石

执著会有什么结果呢？大概也就两种吧：一种是得到你所想要的，欣然而归，倍感快活。另一种是什么也没得到，浪费了时间，精力和情感。

这两种没有好坏之分，要看个人心态。如果你是个在意结果大于过程的人，那第一种最好了。如果你是个对结果看的很淡的人，那么你也会很坦然的对待。

很多青少年都知道滴水石穿的故事，它就意在告诉青少年朋友们，只要坚持、执著，没有完不成的事情，没有实现不了的梦想。

一点一滴，滴水穿石

现在的青少年做什么事情，都是漫无目的的，而且三心二意。

更可怕的是，对什么事情都是"三分钟"热度，没有善始善终地把它完成过，继而产生烦躁的心理，这样下去将会影响你们的人生发展。

我国古代的思想家老子所著的《道德经》揭示出这样一个深刻的辩证法思想："合抱之木，生于毫末；九层之台，起于累土；千里之行，始于足下"，这种辩证的思维，至今对于我们仍有启迪。他告诉我们：任何事情都是从微小处萌芽，都是从头开始的，只有知难而进，不断地努力才能获得成功。

彼得和罗威尔一同去找工作。

有一天，当两个人在大街上走的时候，同时发现地上有一枚硬币，彼得看也不看就走了过去，罗威尔却激动的将它捡了起来。这时，彼得对罗威尔的举动露出鄙夷之色：连一枚硬币也捡，真没出息！罗威尔望着远去的彼得心中感慨：让钱从身边白白的溜走，真不应该！

后来，两个人同时进了一家公司。公司很小，工作很累，工资也低，彼得不屑一顾地走了，而罗威尔却高兴的留了下来。两年后，两个人又在街上相遇，罗威尔已成了一位小老板，而彼得还在寻找工作。彼得对此无法理解："你怎么能如此快的发财了呢？"罗威尔说："因为我不会像你那样绅士般的从一枚硬币上走过去，我会珍惜每一分钱，而你连一枚硬币都不要，怎么会发财呢？"

这个例子中，意在告诉青少年金钱的积累是从"每一枚硬币"开始的，而大家奋斗的目标也应从一点一滴的积累开始。如果没有这种心态，就不能达到自己所期望的目标；如果追求过高的目标，结果往往是浪费时间了，还影响自己的心情。

因此，大家要学会积累，善于积累，不要操之过急。一定要从一点一滴做起，着急不起丝毫作用。正确的做法是保持一颗"平常心"，这样才能积极而又稳步持久地发展。

然而，积累并不是一朝一夕能完成的。它是一项长期而又费力的工作。学会积累有利于我们交际、学习和工作。你积累的知识多了，与人谈论时就有了话题；你积累的知识多了，在学习中就有了头绪；你积累的知识多了，在工作中就可以事半功倍、得心应手。这样，会使你越来越有自信。成功的桂冠，正等着你。可见，积累与我们的生活息息相关、密不可分。反之，如果你不去积累，做任何事只会徒增自卑感，慢慢失去信心，萎靡不振，最后一事无成。

有了执著心态，还有要专注

专注能够创造奇迹，专注有点石成金、化腐朽为神奇的力量。专注是指一个人的注意力高度集中于某一事物的能力，注意力的集中与否直接关系到青少年的学业好坏和他以后的事业成功与否。

古人云："欲多则心散，心散而志衰，志衰则思不达。"是啊，人的精力毕竟是有限的，往往穷尽全力，也难以掘得真金。所以，人们要专注于一件事情，而不要求多。对于青少年来说，更尤为重要，它应该成为学习、生活中的必修课，时时专注。

杜邦公司创始人伊雷尔，身材不高、相貌平平，对于学习和工作有股近于痴迷的专注劲儿。小时候在法国，家境还很宽裕的时候，他受拉瓦锡的影响，对化学着了迷，对"肥料爆炸"的事尤其感兴趣。拉瓦锡喜欢这个安安静静的孩子，把他带到自己主管的皇家火药厂玩，教他配制当时世界上质量最好的火药。若干年后，他们全家人逃脱法国大革命的血雨腥风，漂洋过海到美国。他的父亲在新大陆上尝试过七种商业计划——倒卖土地、货运、走私黄金……全都失败了。年轻的伊雷尔开始苦苦思索着振兴家业的良策，他认识到，战乱期间，世界上最需要的就是火药，并立志凭借以前的知识积累成为美国最好的火药商。后来，他就靠着这股专注劲儿，克服了许多困难，把火药厂办了起来，成就了举世闻名的杜邦公司。

坚持就是力量。人们都会信任一个坚忍不拔、意志坚定的人。不管他做什么事情，还没有做到一半，人们就知道他一定会赢。因为每一个人都知道，他一定会善始善终。人们知道他是一个把前进路上的绊脚石作为自己上升阶梯的人，是一个从不惧怕失败的人，是一个从不惧怕批评的人，是一个永远坚持目标，永不偏航，无论面对什么样的狂风暴雨都镇定自若的人。

难也专注，成也专注。在世事喧腾、红尘滚滚中静下心来，专注于某一个工作，不受其他欲望诱惑的摆布，这是一件非常艰难的事，意味着有可能放弃很多机会，意味着遭遇困难不能退缩，但是只有这样才能成就于某一天地。无论做任何事，如何心无旁骛地完成自己已锁定的目标，才是当务之急。

对于那些"身在曹营心在汉"的青少年，要敲起警钟，课堂上想着网络游戏、小说，不知道自己的梦想，这些现象是可怕的。在学习中，连最基本的"专注"都做不到，何谈梦想、成功？

19. 包容心态会让心胸开阔

人们常说，陆地上最广阔的是海洋，比海洋还广阔的是天空，比天空更广阔的是人的胸怀。人活着，聪明也好，愚蠢也罢；有才也好，无才也罢；重要的是要有一颗"包容心"。有了包容，人生自然就会多出许多快乐。正如一位叫苏畅斌的作家说，一个人的成就决不会超过他的心理宽度！因此，我们必须牢记：一个人的心有多大，他的舞台就会有多大！我们在这个复杂的社会上要想获得更多的智慧、更大的成功，有一个最基本的品质，那就是包容心。

包容是一种人生态度

包容是人类的美德，是人类最为宝贵的品质。包容是文明的标志、文明的成果，也是文明的成因。有一颗包容世间万物的心是美好心态的表现，也是每个人最需要加强的修养之一。乐观、上进、包容是分不开的。眉间放一个"容"，不但自己轻松自在，别人也会跟着舒服自然。因此，青少年在人生的舞台上，应怀着包容的心态，茁壮成长。

美国第二任总统亚当斯与第三任总统杰佛逊从恶交到包容，就是包容的一个生动而又成功的例子。杰佛逊在就任前夕，到白宫去告诉亚当斯，说他希望针锋相对的竞选活动并没有破坏他们之间的友情，在杰佛逊未来得及开口时，亚当斯便咆哮起来，"是你把我赶走的！"二人的友情自此破裂，中止交往达 11 年之久。直到后来杰佛逊的几个邻居探访亚当斯时，这个坚强的老人仍在诉说那件难堪的往事，但接着冲口而说出："我一向喜欢杰佛逊，现在仍然喜欢他。"邻居把这话传给了杰佛逊。杰佛逊也不计前嫌，他主动请了一位彼此皆熟的朋友传话，让亚当斯也知道了他的心里话。后来亚当斯回了一封信给他，两人从此开始了书信往来。也正是因为彼此有一颗包容的心。

包容是坚强的表现，而不是软弱。包容是以退为进、积极地防御。包容所体现出来的退让是有目的、有计划的，主动权掌握在自己的手中。无奈和迫不得已不能算包容。包容的最高境界是对众生的怜悯。

包容就是在别人和自己意见不一致时也不要勉强对方同意自己

的意见。从心理学角度，任何的想法都有其来由的。任何的动机都有一定的诱因。了解对方想法的根源，找到对方意见提出的基础，提出的方案也更能够契合对方的心理而得到接受。消除阻碍和对抗是提高效率的惟一方法。每个人都有自己对人生的看法和体会，我们要尊重别人的意见和体验，积极汲取彼此之间的精华，做好放弃。

学会包容别人，就是学会善待自己。怨恨只能永远让我们的心灵生活在黑暗之中；而包容，却能让我们的心灵获得自由，获得解放；学会包容，拥有一颗包容之心，这不仅是人生的一种态度，更能让你自主地驾驭大脑生命中枢，在风雨人生的历练中不断的超越自我，变得更加强大！

"不积跬步，无以至千里；不积小流，无以成江海。"宇宙之所以广阔，是因为它能包容璀璨繁星；地球之所以神奇，是因为它能包容寄居在它身上的物种；人类之所以伟大，是因为有一颗包容的心。

修炼包容心，做胸襟开阔的人

人生在世，难免经历一些风风雨雨、坎坎坷坷，怎样活得痛快，活得潇洒，也是每个人必须面临的一个问题。其实，只要有一颗包容的心，许多问题和困难就会迎刃而解了。

大海因为包容了条条溪流而广阔无边，高山因为包容了石子泥土而雄伟博大。生活的空间，说大就大，说小也小，就看一个人包容的胸怀大小了。

周作人平时行事总是一团和气，以德待人，他是以态度温和著名的。相貌上周作人中等身材，穿着长袍，脸稍微圆，一副慈眉善目的样子。他对于来访者也是一律不拒，客气接待，与来客对坐在椅子上，不忙不迫，细声微笑地说话，几乎没有人见过他横眉竖目，高声呵斥，尽管有些事情足可把普通人的鼻子都气歪。据说有段时期，他家有个下人，负责里外采购什么的。此人手脚不太干净，常常揩油。当时用钱，要把银元换成铜币，时价是 1 银元换 460 铜币。一次周作人与同事聊天谈及，坚持认为时价是 200 多，并说他的家人一向就这样与他兑换的。众人于是笑说他受了骗。他回家一调查，不仅如此，他还把整包大米也偷走了。他没有办法，把下人请来，委婉和气地说："因为家道不济，没有许多事做，希望你高就吧。"不知下人怎么个想法，忽然跪倒，求饶的话还没出口，周作人大惊，赶紧上前扶起，说："刚才的话算没说，不要在意。"

后来，他在政府作了高官，他过去的一个学生穷得没办法，找他帮忙谋个职业。一次去问他，恰逢他屋里有客，门房便挡了驾。学生疑惑周作人在回避推托，气不打一处来，便站在门口耍起泼来，张口大骂，声音高得足以让里屋也听得清清楚楚。谁也没想到，过了三五天，那位学生得以上任了。有人问周作人，他这样大骂你，你反用他是何道理，周作人说，到别人门口骂人，这是多么难的事，可见他境况确实不好，太值得同情了。

正是因为他的包容心，胸襟开阔，为他赢得了不尽的声誉，也为中华民族造就了无数名士。为青年人养成宽容忍让的良好习惯树立了榜样。

胸襟开阔也是包容的一个重要表现。恢宏大度，胸无芥蒂，肚大能容，吐纳百川。飞短流长怎么样，黑云压城又怎么样，心中自有一束不灭的阳光。以风清月明的态度，从从容容地对待一切，待到廓清云雾，必定是柳暗花明的全新世界。相信天空是宽广的，走过去，前面便是一个蓝天。豁达的人，心大、心宽。我们要按生活本来的面目看生活，而不是按照自己的意愿看生活。风和日丽，你要欣赏；光怪陆离，你也要品尝，这才自然。这样你就不会有太多牢骚和太多的不平。只有用这种包容的心态去对待这一切人或事，那么你的心胸才会随之宽广起来，你的人也才会变得豁达起来，也会慢慢走向成功。

所以，青少年朋友们，怀着包容心态，做一个胸襟开阔的人，来享受人生，美化人生，来滋润心灵的花园。

20. 诚信心态使你立足于世

有人说："如果你失去了金钱，你只失去了小半，如果你失去了健康，那么你就失去了一半，如果你失去了诚信，那么你就一贫如洗。"诚信是民族的美德；诚信是企业的资本；诚信是交际的准则；诚信是人生的通行证。青少年朋友一定要握好人生的这张通行证，拥有了它，你才能在以后的人生路途中畅通无阻。

诚实是一切美德的基石

古往今来，"诚实"便是英雄们惺惺相惜，成就大业的根本。无论儒法，还是老庄，"诚实"总是作为君子最重要的美德出现的。古书上处处写着君王以诚治国，诸侯以诚得士的故事。信陵君正因诚实得到侯君，抗秦救赵，名扬四海，刘皇叔正因诚信打动了诸葛孔明，三分天下，成就霸业。而梁山上，那些英雄好汉，一诺千金，为诚实两肋插刀的豪情，更被写进了才子名著，感动着千百万读书人。诚实是基石，诚实是资源，诚实更是迈向成功的阶梯。

诚实可以给青少年创造良好的内在心境；诚信可以使一个人心胸坦荡，仰不愧天，俯不愧地，可以使一个人精神饱满，如沐春风。此外，大家都诚实，就能形成社会良好的环境和良好的世风，从而为茁壮成长的青少年创造条件，形成一种良性的互动。

门德尔松是德国作曲家，1829年，他20岁时，第一次出国演奏，一时轰动了英国。英国女皇维多利亚在白金汉宫为门德尔松举行了盛大的招待会。女皇特别欣赏他的《伊塔尔慈》一曲，对他说，单凭这一支曲子，就可以证明你是个天才。门德尔松听了以后，脸红得像紫葡萄一样，局促不安地连忙告诉女皇说，这支曲子不是他作的，而是他妹妹作的。本来，门德尔松是可以将这件事隐瞒过去的，但他在荣誉面前并不想夺人之美。他觉得诚实是一个人应有的品质。

这样的事例很多，但能像门德尔松那样有勇气站出来澄清的却很少。有时，一个人的品格就反映在一句话中。

一个诚实的人首先是一个诚实待己的人，一个敢于面对自我真实面目的人。这样的人能全面客观的审视自我，既不妄自尊大、自欺欺人，也不妄自菲薄、自我贬低。俗话说"知己知彼，百战不殆"。对自己的情况了然于心，就已经成功了一半。因为只有那些全面把握自己优点和缺点的人，才能真正了解自我成功的可能性和局限性，既不会因为他人的赞誉或阿谀奉承忘乎所以，也不会因为别人的否定或自己的一次失败就气馁。这样的人往往会在别人惊奇的目光中从小成功走向大成功。这就是诚实所具有的特殊人格力量。

守信是一个人无形的"名片"

诚信，诚实又要守信。守信是人格确立的重要途径，也是人与人之间交往得以继续的前提。没有人愿意与不讲信用的人交往，只要欺骗别人一次，就永远失去了别人的信任，更谈不上别人对你的重用。当别人知道你不可靠时，你的机会就消失殆尽。孔子说："人而无信，不知其可。"守信是无形的"名片"，关乎一个人的形象和品质。

孔子的学生曾子，家有一个小儿子。有一天，曾子的妻子要到集市上买东西，可是小儿子吵着也要去。他妻子就对孩子说：你好好在家等娘，娘回来叫你爹杀猪娃给你吃。孩子不闹了。当她从集市回来，曾子正在磨刀，准备杀猪。她急忙对曾子说，猪娃不能杀，我是哄孩子玩的。曾子听了，说道：大人怎能对孩子无信呢？母亲不守信用，孩子便会失信于人，答应孩子的事是不能反悔的。曾子的妻子点头称是，和曾子一起杀了猪娃。曾子深深懂得，诚实守信，说话算话是做人的基本准则，若失言不杀猪，那么家中的猪保住了，但却在一个纯洁的孩子的心灵上留下不可磨灭的阴影。

有这样一句名言："这个世界上只有两样东西能引起人内心深深的震动，一个是我们头顶上灿烂的星空，一个是我们心中崇高的道德准则。"而今，我们仰望苍穹，星空依然清朗，而俯察内心，崇高的道德却需要我们在心中每次温习和呼唤，这个东西就是诚信。

守信是一种力量，它让卑鄙伪劣者退缩，让正直善良者强大。诚信无形，却在潜移默化中塑造无数有形之身，永不褪色。诚信以卓然挺立的风姿和独树一帜的道德，高度赢得众人的信任和爱戴。守信用作为一种传统美德，是现代人交往的"信用卡"，也是维系人与人感情的"信誉链"。有了诚信，人际交往才会变得有序和有效。

每一个渴望梦想成真的青少年，都应该主动成为诚信的忠实卫士。我们无须埋怨世态炎凉，人心不古，因为美好的一切就在你我手中。那就从自我做起："面对篝火，我们需要自己带上火柴才能取暖。"从身边的小事做起吧，播种诚信，我们得到的绝不仅仅是朋友的信任，还有值得信赖的整个世界，因为诚信的期盼同样存在于大多数人的心里。当诚信不再是稀缺的资源，当诚信无处不在、无时不在的时候，我们就成功了。